JN297497

なつかしさの心理学

——思い出と感情

監修　日本心理学会　　編者　楠見 孝

SHINRIGAKU SOSHO

日本心理学会

心理学叢書

誠信書房

図 4-1　用いた広告や商品名の例〔Sugimori, Masuda, & Kusumi, 2011〕

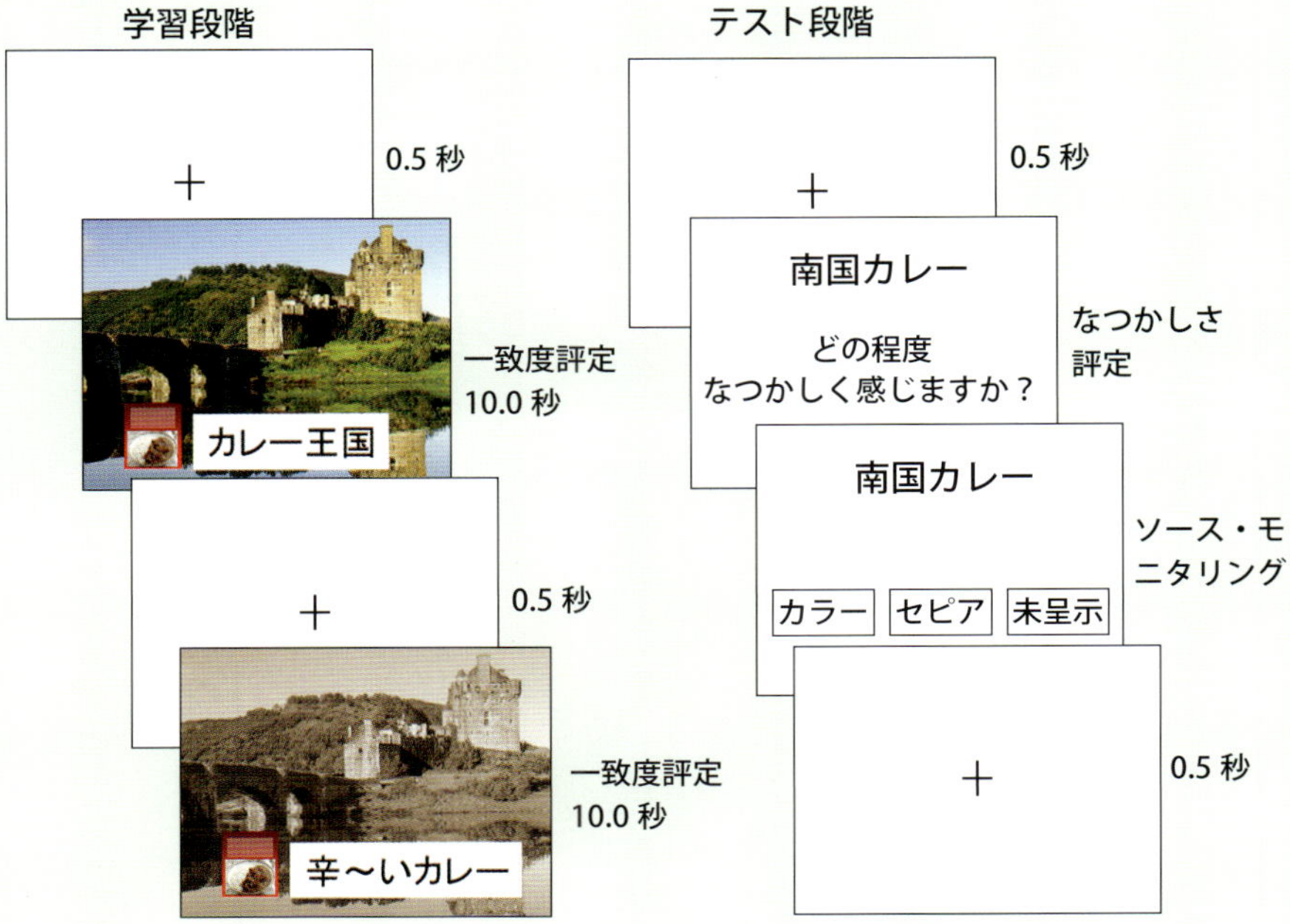

図 4-2　実験の手順〔実験 1：Sugimori, Masuda, & Kusumi, 2011〕

図 5-1　お寺のシーン刺激の典型性

図 5-7　学習段階における提示画面（上：懐かしさ高・歯磨き粉，
下：懐かしさ低・洗濯用洗剤）

心理学叢書刊行にあたって

日本心理学会では，2011年の公益社団法人化を契機として，講演会，シンポジウムなどの企画を充実させてきています。2012年度からは，企画全体を「社会のための心理学シリーズ」と「基礎心理学の展開シリーズ」と銘打って組織的に実施し，さらに「高校生のための心理学シリーズ」を加えました。また，2013年度には「心を科学する心理学シリーズ」を新たにはじめました。

こうした努力の結果，2013年度には，総計25回の講演会，シンポジウムを実施するに至っています。こうした講演会やシンポジウムは非常に充実したものでしたので，多くの方から，参加できなかった方々にもその内容を伝えるために書物として残せないものか，といった声が寄せられました。

そうした声に応え，この度，心理学叢書として継続的に上梓することになりました。編者や執筆者の方々はもちろんのこと，講演会やシンポジウムの企画・運営にお骨折り頂いた教育研究委員会，とりわけ，講演・出版等企画小委員会の皆様に大いに感謝するところです。

心理学叢書の刊行に大いにご期待ください。

2014年4月吉日

公益社団法人日本心理学会
理事長　佐藤隆夫

編者はじめに

昔聞いた音楽を久しぶりに耳にしたときに、手を止めて、なつかしさとともに昔の思い出にひたることはありませんか。そこには、楽しい気分とともに少し苦い思いを感じることもあります。私たちは、なつかしさを求めて、商品を買ったり、映画を見たり、街をたずねたりすることもあります。

ひとは、なぜ、なつかしさを感じるのでしょうか（第2章）。
消費者はどのようななつかしさを感じているのでしょうか（第3章）。
なつかしいものはどのように記憶に残っているのでしょうか（第4章）。
なぜなつかしいものを好きになるのでしょうか（第5章）。
なつかしい思い出で、お年寄りを元気にすることはできるのでしょうか（第6章）。
なつかしくならない記憶とは何でしょうか（第7章）。

本書は、こうした問題に対して、心理学における認知、記憶、感情、社会、臨床、マーケティング、司法などの分野のオリジナルな研究に基づいてこたえようとした本邦初の本です。本邦初というのは、心理学におけるなつかしさ研究は、２０００年代に入ってから、欧米で盛んになり始め、国内での研究はまだ始まったばかりだからです。

日本では、日本心理学会大会において、楠見が企画して、２００８年に「ノスタルジア：記憶と感情、消費者行動の接点」と２００９年に「ノスタルジア研究の現在：基礎的側面と応用的アプローチ」という二つのワークショップが行われ、本書の執筆者である、川口、松田、杉森、瀧川の各氏が登壇しました（執筆者以外では水越康介氏が登壇しています）。さらに、２０１１年度には京都と名古屋において日本心理学会の公開シンポジウム「なつかしさの心理学：思い出と感情」が行われ、牧野、川口、仲の各氏が登壇しました。本書は、これらの発表の成果をもとに執筆されたものです。

なお、キーワードである「なつかしさ」については、本書の中では「ノスタルジア」も用いられています。用語の統一をしなかったのは、本書は、執筆者の独立した論考をまとめたものですので、著者が用いた表記を尊重するためです。これらの意味の差異については、第1章で述べますが、本書においては、どちらを用いても指している内容はほぼ同義です。また、本書では、イントロダクションの第1章以外は、どの章からも読むことができます。いずれの章も、なつかしさとは何かから始まり、それぞれの研究を位置づけてから、説明を展開しています。

本書は、なつかしさの心理学に関心を持つ、多くの高校生や市民の皆さん、職場で心理学を仕事に生かそうとしている皆さん、そして心理学を学び研究している皆さんに向けて書かれています。皆さんに、なつかしさの心理学研究のおもしろさと広がり、深さを知っていただければと、執筆者一同願っています。

最後に、本書の編集にあたり執筆者の一人である牧野圭子先生には、全体にわたって閲読してコメントいただいたことを感謝します。また、出版に当たりお世話になりました誠信書房の松山由理子さん、佐藤道雄さんに感謝申し上げます。

２０１４年２月

楠見　孝

目次：なつかしさの心理学——思い出と感情

第2章　人はなぜなつかしさを感じるのか　23

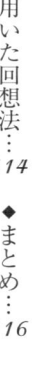

第1章 なつかしさの心理学——記憶と感情、その意義

1 はじめに

なつかしさ（ノスタルジア）とは、何でしょうか。なつかしさは、昔の曲を耳にしたり、昔の友達に久しぶりに会ったりすることがきっかけになって、過去の事柄を思い出すという点で、記憶にかかわります。そのときに、甘い、時には苦い気持ちを引き起こすという点で感情とかかわりをもっています。また、昔に戻ってやり直したいという望みをもつときには、小さいときから今の自分までの連続した自己とのかかわりがあります。

なつかしさを引き起こす商品、映画、町並みは人を惹きつけ、テレビCMや町おこしなどに使われています。これは本書第3章で述べる消費者のノスタルジアにかかわります。さらに、なぜ、人はなつかしさを感じるのか（第2章）、なつかしいものはどうして記憶に残り（第3章）、また好きになるのか（第5章）という問題を本書は取り上げます。第6章では、なつかしい出来事を思い出すことで、高齢者のポジティブな感情や社会的絆を強める心理療法の取り組みについて述べます。一方で、第7章で紹介するようになつかしくならないよう

な辛い記憶もあります。

こうしたなつかしさの研究は、海外においても盛んになりはじめています。特に、なつかしさとは何か、引き起こすきっかけは何か、どのような役割をしているか、自己との関連はどうなっているのか、といった研究（たとえば、セディキデスらのものなど）が盛んになりつつあります。[11]

このように、なつかしさの心理学的問題は、注目されはじめていますが、まだなつかしさを引き起こす心のメカニズムの研究はそれほど多いとはいえません。そこで、本書では、なつかしさの心理学について、内外の研究とともに、私たちが進めてきたオリジナルな研究を紹介します。

この章は、本書のイントロダクションとして、〔2〕で、なつかしさとは何かを、英語の概念であるノスタルジアと比較して論じます。〔3〕はなつかしさを支える記憶過程について、記憶のモデルと対応づけて説明します。そして、〔4〕ではなつかしさを引き起こすきっかけについて、〔5〕ではＣＭによるなつかしさを感じるプロセス、〔6〕では、昔をなつかしむ傾向の個人差について述べて、最後に、なつかしさが現代の私たちの生活においてどのような意味をもつのかについて論じます。

2　なつかしさとは

なつかしさの感情は、喜怒哀楽のような表情との対応のある基礎感情は異なり、複合的な感情です。したがって、なつかしいという感情状態に自分や他の人があることを理解するためには、先に述べた手がかりとなる文脈が必要です。つまり、旧友と会った、昔聴いた曲を聴いた、という文脈があって、なつかしいという感情が起こったことがわかるのです。

ここで、なつかしいという感情は、ポジティブな感情でしょうか、あるいはネガティブな感情でしょうか。

社会学者デーヴィス[1]の記した『ノスタルジアの社会学』では、過去の美しさ、楽しさ、喜び、満足、幸福、愛などのポジティブな感情としています。一方で、不幸、絶望、憎しみなどの強いネガティブな感情はないものの、現在への不満、ほろ苦さ（日本では甘酸っぱさ）などはあると指摘しています。そこで私は、ヘッパーら[3][4]とともに質問紙法を用いて「なつかしさということを考えたとき、どのようなことが頭に浮かびますか」という問いに対して、１［まったく関係しない］から８［非常に関係する］の尺度を用いて日本と他に18カ国の人に35項目の評定を求めました。日本と英国の結果が**表1-1**です。日本人の評定パターンの類似性に基づいてグループ分けをするクラスター分析をした結果が**図1-1**です。結果を見てみると、なつかしさは、「記憶」、「甘い」と「ほろ苦さ」などの複合的な感情、そして、ネガティブな感情の大きく三つに分かれました。**表1-1**の評定値を見ると、感情については、「甘い記憶」とともに複数の感情がまじった「ほろ苦さ」が関係する感情として高い評定がされています。そして、「幸福感」「心地よさ」などのポジティブな感情が関わる一方で、「喪失感」「寂しさ」「後悔」といったネガティブな感情が中程度の関連性として続いています。一方、「孤独」「悲しみ」といった感情は、なつかしさと関連するものとしては捉えられていませんでした。これは、デーヴィス[1]の指摘と一致するものであり、英国人を対象とした「ノスタルジア」に関する評定との対応の高さを示す相関が〇・八四と高いものでした（相関は完全に対応する場合は1、まったく対応しない場合は0、正反対の対応はマイナス1）。さらに、他の18カ国との相関の平均は〇・七七と高いものでした。日英間で差異があったのは、「あこがれ」「白昼夢」は日本が低く、英国が高いことでした。

　また、なつかしさの人とのつながりに関しては、日英いずれにおいても「人間関係」との関連性を高く評価し、一方「孤独」との関連性を低く評価しています。このようになつかしさは、人との過去のつながりが想起されて、孤独感が小さくなる感情と考えられます。

　なお、日本語の古語「なつかし」は、動詞「なつ（懐）く」の形容詞化したものです。心がひかれて離れが

表 1-1　日本と英国の大学生による「なつかしさ・ノスタルジア」との意味の関連性平均評定値（8 件法：8：関係する〜1：関係しない）

	なつかしさ 日本（n=96）	ノスタルジア 英国（n=102）③
過去	6.96	6.99
記念のもの	6.94	6.04
記憶	6.68	7.10
回想する	6.58	6.63
子どもの頃	6.39	5.88
回想	6.31	6.54
追体験	6.29	5.75
過去へのあこがれ	6.03	6.32
過去に戻りたい	6.00	5.68
個人的意味	5.94	6.39
人間関係	5.73	6.28
あれこれ考える	5.69	5.84
感傷	5.64	6.47
ほろ苦さ	5.57	5.04
甘い記憶	5.56	6.73
感覚的手がかり	5.46	5.85
幸福	5.23	5.95
古き良き時代	5.15	6.10
喪失	5.07	5.70
寂しさ	4.95	3.58
ホームシック	4.91	4.06
心地よさ	4.84	5.59
後悔	4.72	4.33
穏やかな	4.69	4.64
名声	4.59	4.05
変化への受け入れや抵抗	4.56	4.78
心の痛み	4.56	3.03
あこがれと願望	4.50	5.42
ネガティブな過去	4.39	3.33
老人	4.38	3.99
悲しみ	4.34	3.58
白昼夢	3.72	5.33
孤独	3.67	3.22
幻想	3.62	3.30
活発でない	3.24	2.46

（注：平均評定値が中点 4.5 以上、5 以上、6 以上を網掛けで示す）

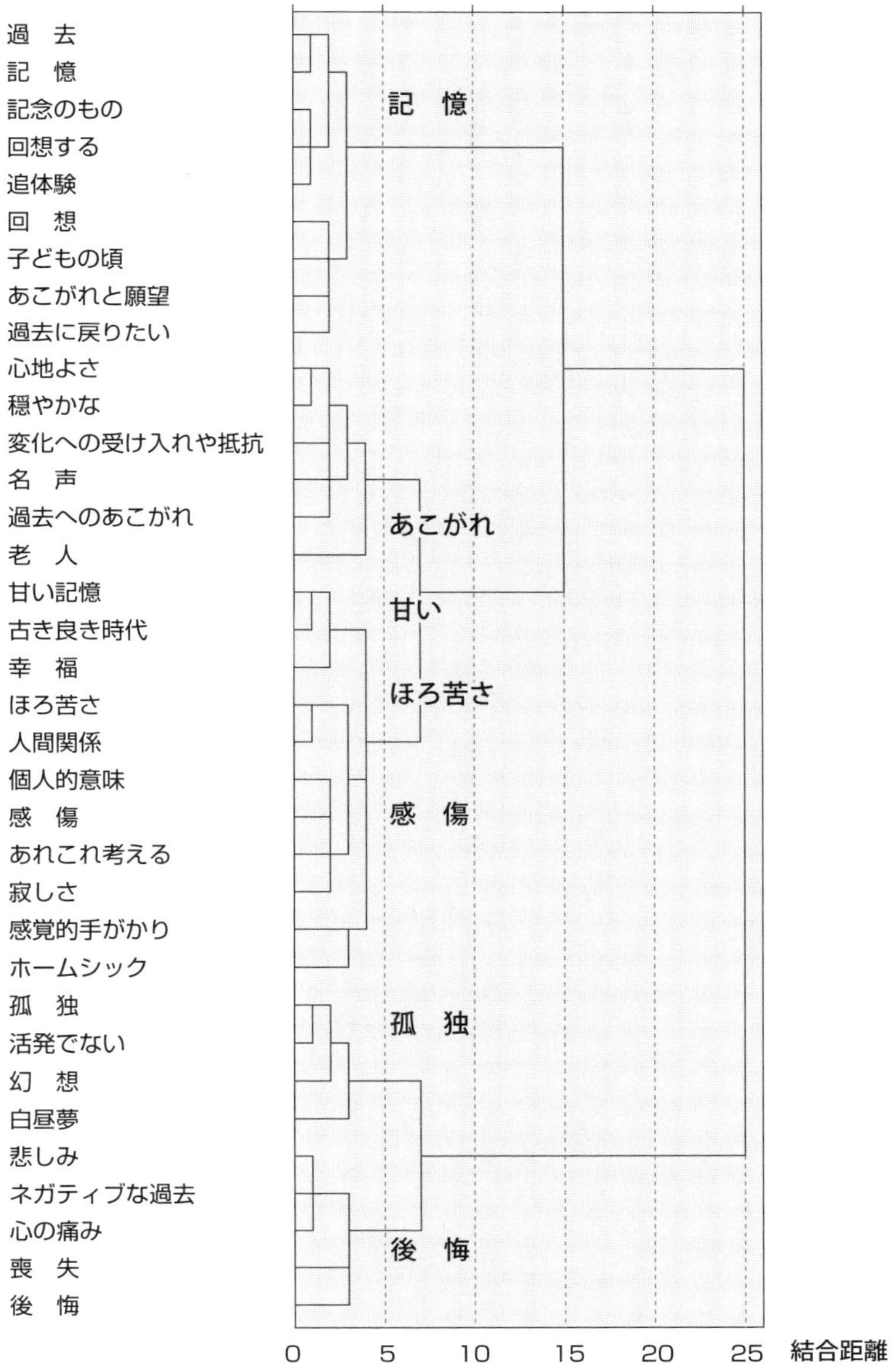

図 1-1　日本人の大学生における「なつかしさ」との関連性評定に基づくクラスター（Ward 法）

たいことから、魅力的であること、すぐそばに身を置きたいことをもとは意味していました。それが、時代を経て、かつて慣れ親しんだ人や事物を思い出して、昔に戻ったようなポジティブな気分を示すようになりました。こうした親密度にもとづくなつかしさ感情がどのようにして起こるかについては、第5章で、単純接触効果という現象に基づいて説明します。

つぎの［3］では、なつかしさが記憶過程とどのようにかかわるのかについて説明します。

3　なつかしさを支える記憶過程

表1-1に示したようになつかしさと「記憶」「回想」との関連性を高く評定する傾向は、日英米とも共通しています。記憶は、なつかしさの概念の中核にあり、なつかしさにかかわる認知過程を支えているといえます。記憶は、**図1-2**に示すように大きく三つに分けて考えることができます[7]。ここでは、タルヴィングの記憶のモデルを用いてなつかしさを説明します（第2章参照）。

第一は、エピソード記憶、すなわち、自分がいつどこで、誰と経験したかという出来事の記憶です。その一つに自分の過去から現在までの自叙伝のような記憶（自伝的記憶）があります。思い出すときには、自分のことを振り返る自己内省的意識（autonoetic consciousness）を伴う記憶です。これを思い出したとき（たとえば、中学校時代の頃よく聴いた曲を久しぶりに聴いたとき）には、非常になつかしく、過去に戻って、再体験している感覚・意識（メンタル・タイムトラベル）がおこります。また、中学校時代の初恋を思い出しときには、甘い思いだけではなくて、「あのときこうしておけば良かったのでは」という後悔の感情が伴うこともあります。このようにエピソード記憶は、自分の経験に基づく自伝的ななつかしさを支えています（第6章参照）。

第二は、意味記憶、すなわち知識に関する記憶です。これは、日常の経験（学校、家庭、テレビを見るなど）の

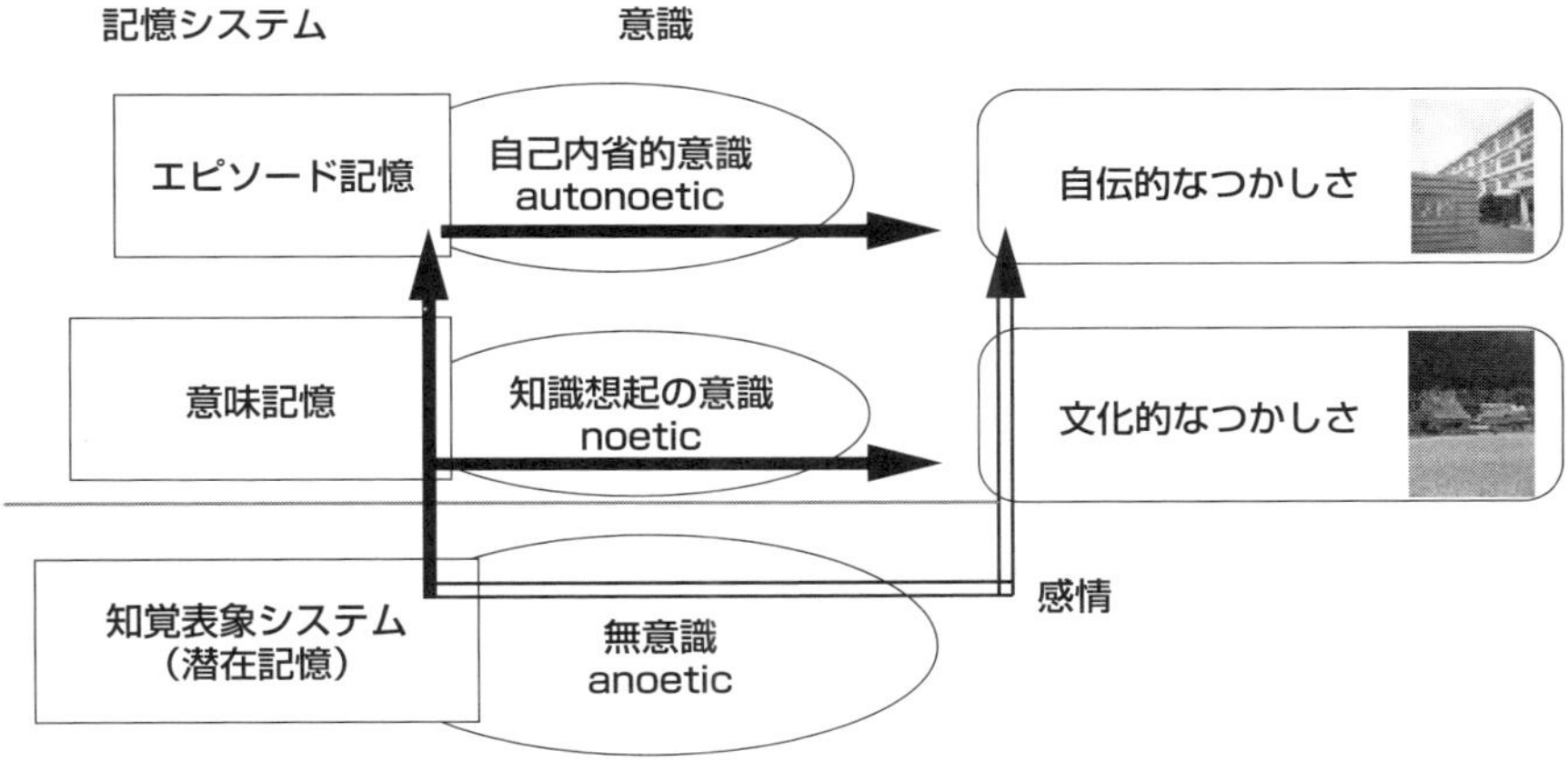

図1-2　なつかしさを支える三つの記憶システム〔川口（2012）が作成した第2章　図2-1に加筆〕

中で長い年月にわたって獲得された知識です。思い出すときには、知っているという感覚（noetic consciousness）とともに一般的な知識として想起され、自己と結びついた特定の場所と時間の出来事は思い出されません。たとえば、田舎の田園風景や大正・昭和初期や西部開拓時代の建物になつかしさを感じるときは、個人的経験ではなく、なつかしい風景や建物としての知識に基づいて、古き良きものへの憧れとしてのなつかしさを感じると考えられます。これは、私たちが育った文化の中で、なつかしいものとして、テレビや本などを通して学習したものであり、同じ文化の人の中で共有されている社会・文化的記憶といえます。このように意味記憶は、文化的、歴史的ななつかしさを支えています（第3章参照）。特に「ノスタルジア」というときには、個人的な記憶よりも社会文化的記憶に基づくことが多いようです。

　第三は、知覚表象システムというもので、視覚的な事物や単語をそれと分かる（同定する）ときに働く記憶です。これは、過去の経験や知識について、知っているという感覚がない無意識（anoetic: not-knowng）のレベルの潜在的記憶です。以前に何度も経験したことがらが、忘れられてしまい、無意識のうちに、親しみや好きという感情を引き起こすような現象です。これは、第5章で詳しく述べる単純接触効果による好みの形成にかかわります。そして、図1-2で示したように、個人的な繰り返しの経験が自伝的なつかしさを、文化的な繰り返しの接触が文化的なつかしさを支えていると私は考えています。

4　なつかしさを引き起こすきっかけ

なつかしさ感情を引き起こすきっかけ（trigger）やなつかしい思い出の中身に関する研究は探索的に行われてきました。たとえば、なつかしさを引き起こす刺激としては、昔の流行歌、クッキーやパンを焼くにおい、セピア色の写真[1]などが指摘されてきました。なつかしい経験の内容を調査したある研究では、62人の自由記述データを三つに分けて調べたところ、「人」では祖父母や昔の友人、「物」ではアンティークやおもちゃ、写真、音楽など、「出来事」では、卒業式などの行事や結婚式、スポーツイベントなどが見出されています[5]。また、大学院生20人に対してなつかしさをコラージュ法（10種の雑誌の写真や文字の切り抜きを使って、ノスタルジアを表わすコラージュを完成させる）で調べて、学校時代のイメージが多く見られることを示しています[2]。

しかし、従来のなつかしさの研究は調査回答者の人数が多くはなく、内容は網羅的とはいえませんでした。そこで、私たちは、大学生４５１人に対して、なつかしさを感じる風景、出来事、音楽、コマーシャル（ＣＭ）などについて自由記述および評定法の回答を求めて、なつかしさ感情を引き起こす構成要素が何かを検討しました[9]。

なつかしさを感じる風景

わたしたちは、なつかしさを感じる風景についての自由記述の中から、テキストマイニングという言語処理の方法で、単語を取り出して、どのような語が多く現れるかを明らかにしました。さらにその語を分類するために、異なる語が同時にあらわれることを類似度として捉えて、似た語のまとまりを見つけるクラスター分析をおこなった結果を示したものが**図1-3**です。クラスターは、大きく二つに分かれます。第1のクラスターは、「小学校、中学校、学校、校舎、教室、グラウンド・校庭・高校、通学路」など学校にかかわる風景でした。あわせて、「地元、実家」など故郷にかかわる風景が多く連想されました。時間は「夕日・夕焼け」など夕方が多いことがわかりました。第2のクラスターは、「田んぼ、山、田舎、自然、畑、田園風景、海、川」など田舎の風景や祖父母の出現頻度が多いことがわかりました。

なつかしさを感じる出来事

なつかしさを感じる出来事として多く出てきた語は、「昔」の「友達」に「久しぶり」に再会した場面でした。クラスター分析の結果は**図1-4**に示すように、大きく二つに分かれました。第一は学校関連で、「小学校」「中学校」「高校」「母校」「通学路」といった毎日通い、「部活」「運動会・体育祭」などの毎日練習したこと、あるいは「卒業式」「入学式」「文化祭」などの印象的な出来事が多くあらわれました。第二のクラスターは、かつて何度もした「子ども」の「遊び」や「ブランコ」を「公園」で見ることもなつかしさを引き起こすことを示しています。

デンドログラム表示

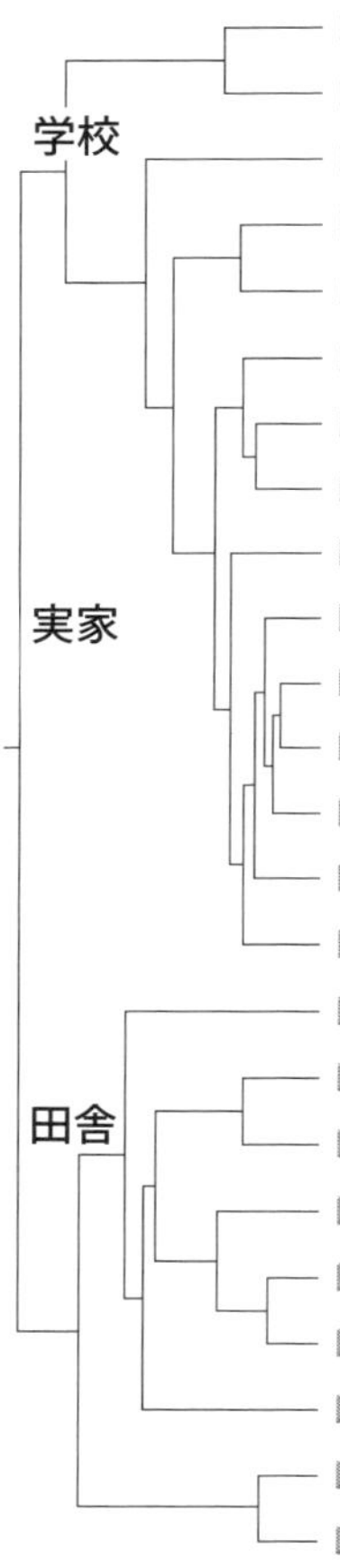

分類名	文書数	代表語句
小学校	28	小学校/まつり/机/先生/小学校時代
中学校	24	中学校/校舎/小学校/高校/テニスコート
公園	15	公園/砂場/ブランコ/遊んだ/野球
海	11	海/漁港/川/段々畑/山
夕日	11	夕日/海/橋/バック/天王山
学校	10	学校/運動場/陸上/陸上部/活動
通学路	6	通学路/通学/小学校/高校/電車
地元	11	地元/山/風景/丘/町並み
実家	6	実家/父親/母親/田舎
なし	3	なし
町	9	町/夕方/外国/草むら/藪
町並み	229	町並み/昭和/神社/木造
桜	8	桜/公園/校庭/庭園/山
場所	6	場所/旅行/つりばし/自然/山
夕焼け	6	夕焼け/オレンジ色/オレンジ/夕焼け空/空
田舎	31	田舎/川/風景/人通り/田舎町
ばあちゃん	12	ばあちゃん/ばあちゃん家/田んぼ/畑
家	24	家/祖母/わらぶき屋根/木造/あき地
田園	15	田園/田園風景/揺りかご/寺社/仏閣
木	22	木/田畑/旅行/小川/駅ホーム
風景	29	風景/田んぼ/実家/緑/子ども
田んぼ	22	田んぼ/赤とんぼ/あぜ道/田舎
山１	18	山/田んぼ/風景/一軒家/村
山２	20	山/川/自然/野原

（分類名はそのクラスター内の代表的な語を示し，文書数はクラスターに含まれた語の数を示す）

図 1-3　なつかしさを感じる風景：自由記述の共出現頻度に基づくクラスター分析の結果
（Kusumi, Matsuda, & Sugimori 2010 を修正）

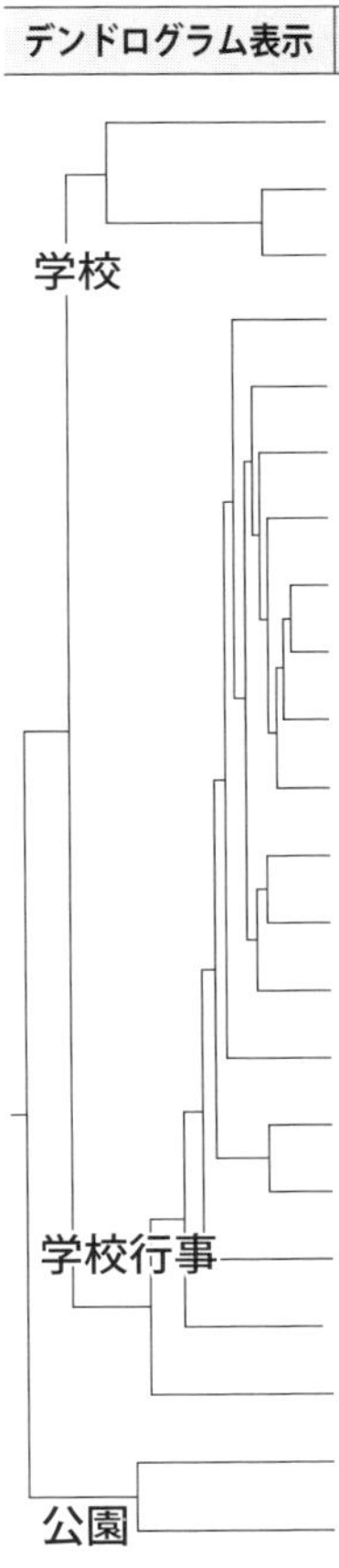

分類名	文書数	代表語句
友達	22	友達/話/思い出/高校時代/思い出話
通学路	6	通学路/通学/小学校/地元/学校
小学校	27	小学校/中学校/同級生/長い間会っていない
幼稚園	15	幼稚園/お料理ごっこ/セーラー・ムーン
部活	23	部活/高校/中学/試合
おもちゃ	5	おもちゃ/掃除で発見/遊んでいる子
ドッジ	9	ドッジ/遊んだ場所/ドッジボール/遊んだもの
母校	21	母校/旧友/自分の写真
家族	164	家族/ブランコ/山/花火/夏
駄菓子屋	5	駄菓子屋/駄菓子/食べる/毎日
なし	3	なし
おばあちゃん	5	おばあちゃん/ばあちゃん/おばあちゃん家/田舎
風景	19	風景/小学生/田舎/練習風景/登校風景
遊び	18	遊び/久しぶり/友達/同窓/同窓会
野球	8	野球/高校野球/プロ野球/野球帽の小学生
修学旅行	5	修学旅行/学校行事/研修旅行
体育祭	9	体育祭/文化祭/音楽会
卒業式	10	卒業式/入学/入学式/卒業/ニュース
友人	8	友人/知り合い/写真
運動会	15	運動会/運動場/幼稚園/お泊まり会
公園	14	公園/小さい子/幼なじみ/遊具
子ども	41	子ども/お母さん/親/夕焼け

（分類名はそのクラスター内の代表的な語を示し，文書数はクラスターに含まれた語の数を示す）

図 1-4　なつかしさを感じる出来事：自由記述の共出現頻度に基づくクラスター分析の結果
（Kusumi, Matsuda, & Sugimori 2010 を修正）

なつかしさを感じる音楽

なつかしさを感じる音楽として、頻度の高い語は、「小学校・小学生」「中学校・中学生」のときに歌っていた曲などで、「校歌」「童謡」「卒業式」「授業」「ふるさと」など学校にかかわる曲が多く出てきました。大学生では「高校」という言葉があらわれる回数が、「小学校」や「中学校」に比べて、四回と少なかったことから、なつかしさには、大学生にとっては四年以上（大学生にとっては中学時代までさかのぼる）の時間経過が必要であることがわかりました。クラスターは大きく二つに分かれ、これらの学校関係のクラスターともう一つは過去のヒット曲に関するクラスターでした。後者には、「主題歌」「アニメ」「ドラマ」などテレビに関する曲やアーティスト名が多くあらわれました。

なつかしさを感じるＣＭ

自由記述の回答からテキストマイニングを行った結果、出現頻度の高い語は、「映像」「風景」「田舎」「白黒・モノクロ」「写真」「セピア色」といった視覚的な刺激に関する語句でした。さらに、形容詞句もあわせて見ると、「古い映像・画像」や「自然の風景」が特になつかしさの手がかりとなっていることがわかりました。一方、「曲・音楽」「音」「歌」「ＢＧＭ」といった聴覚刺激も手がかりになっていました。歌は、「アニメ」とも同時に出現していました。また、「子ども」は、「おもちゃ」や「お菓子・おやつ」と同時に出現しました。

クラスター分析の結果は、これらの音楽と映像で一つのクラスターを作っていました。もう一つのクラスターには、具体的なお菓子名やサイダー、ラーメン、蚊取り線香などの具体例も挙がっていました。

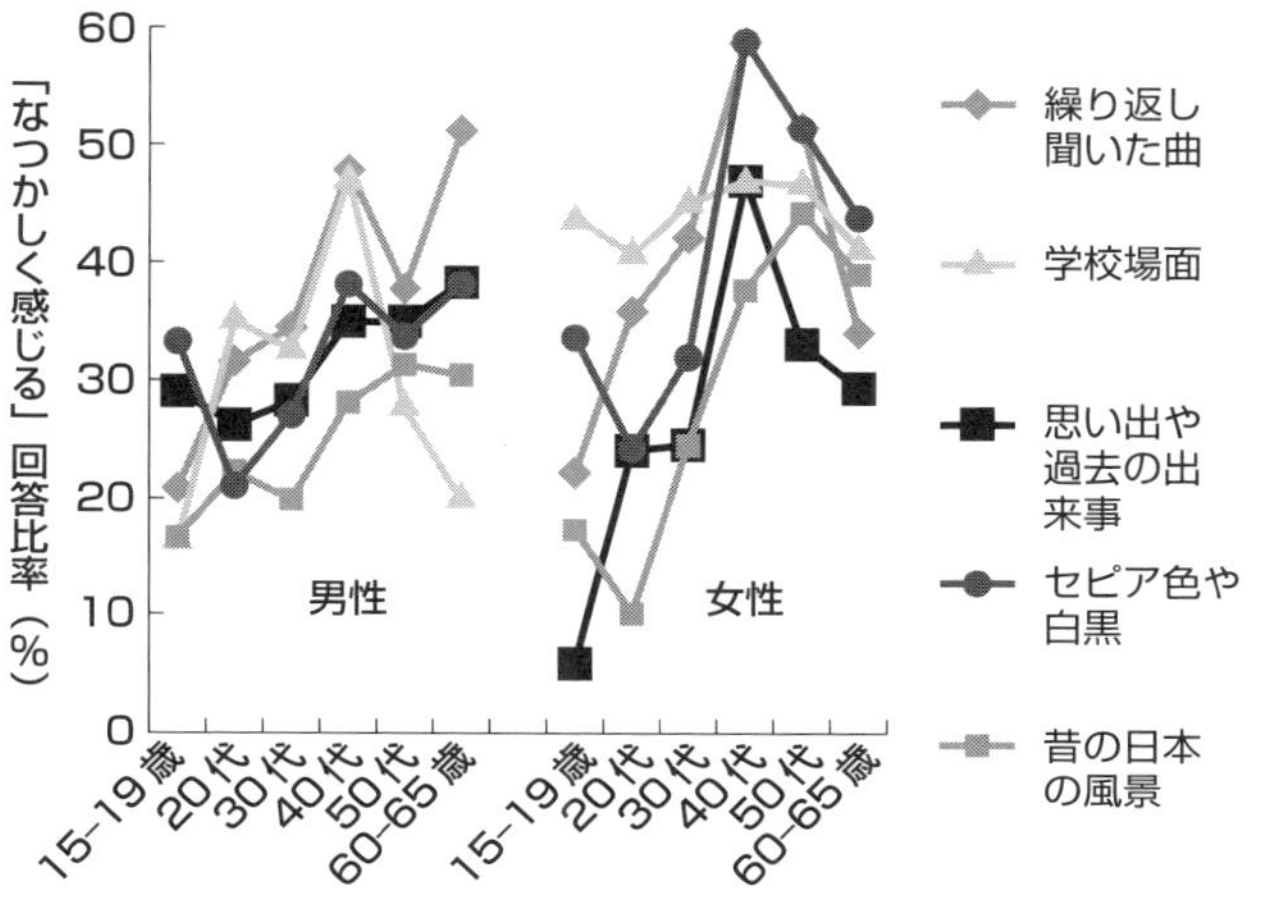

図 1–5　どのような CM になつかしさを感じるかの年齢差、男女差
（Kusumi, Matsuda, & Sugimori 2010）

以上の分析の結果、なつかしさを引き起こす刺激の第一の条件は、過去の頻繁な接触事象（例：小中学校の校舎・行事・校歌、アニメなど）、第二の条件は、その事象との接触のない空白期間の存在（例：級友との再会や母校への訪問など）と考えました。

5　なつかしさを感じるプロセス

前節（4）の結果を踏まえて、私たちは、首都圏の15～65歳の一般男女787人に対して社会調査を実施しました。質問項目にはCMによってなつかしさを感じる経験について、どのくらいの自分の経験にあてはまるか、5「あてはまる」から1「あてはまらない」の五段階で評定を求めました。**図1–5**の縦軸は「あてはまる」または「ややあてはまる」と回答した人の合計の比率を示します。

CMによるなつかしさの喚起

どのようなCMに懐かしさを感じるかについて、質問した結果が**図1–5**です。男性は「昔繰り返し聴いた曲」「思

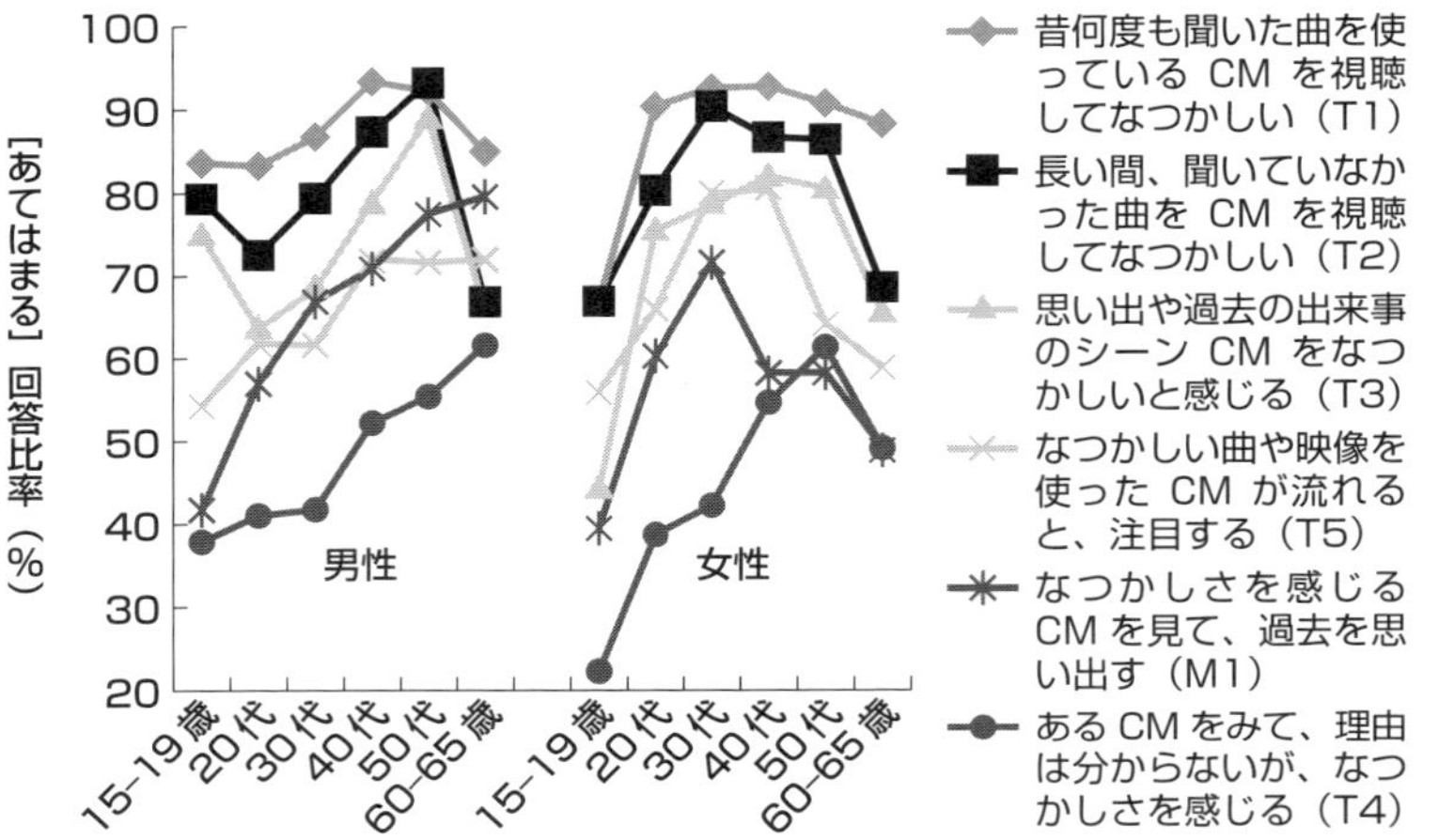

図1–6　CMによるなつかしさの喚起体験の年齢差，男女差：「あてはまる」と「ややあてはまる」と答えた人の比率（Kusumi, Matsuda, & Sugimori 2010）

い出や過去の出来事」「セピア色や白黒」「昔の日本の風景」に対して「なつかしく感じる」と回答する比率が、加齢によってやや上昇しました。一方、これら四つの項目において、女性は年齢間での差が大きく、40代で「なつかしく感じる」と回答する比率が高くなるものの、他の年齢では低いことが明らかになりました。

つぎに、CMによって引き起こされたなつかしさの特徴が、自分の経験にあてはまるかを質問した結果を**図1–6**に示します。

男女とも「昔何度も聞いた曲を使っているCMを視聴してなつかしい」と感じる比率は加齢によって上昇し、ほぼ9割と最も高いものでした。つぎは、「長い間聞いていなかった曲をCMで視聴してなつかしい」であり、加齢に伴い上昇し、九割に達し60代では低下しました。「思い出や過去の出来事のシーンのCMを懐かしいと感じる」は男女とも加齢とともに上昇し、40～50代がピークでした。「なつかしい曲や映像を使ったCMが流れたら注目する」「なつかしさを感じるCMを見て、過去を思い出す」については、男性は加齢とともに上昇し、60～65歳でピークとなるのに対して、女性は「あてはま

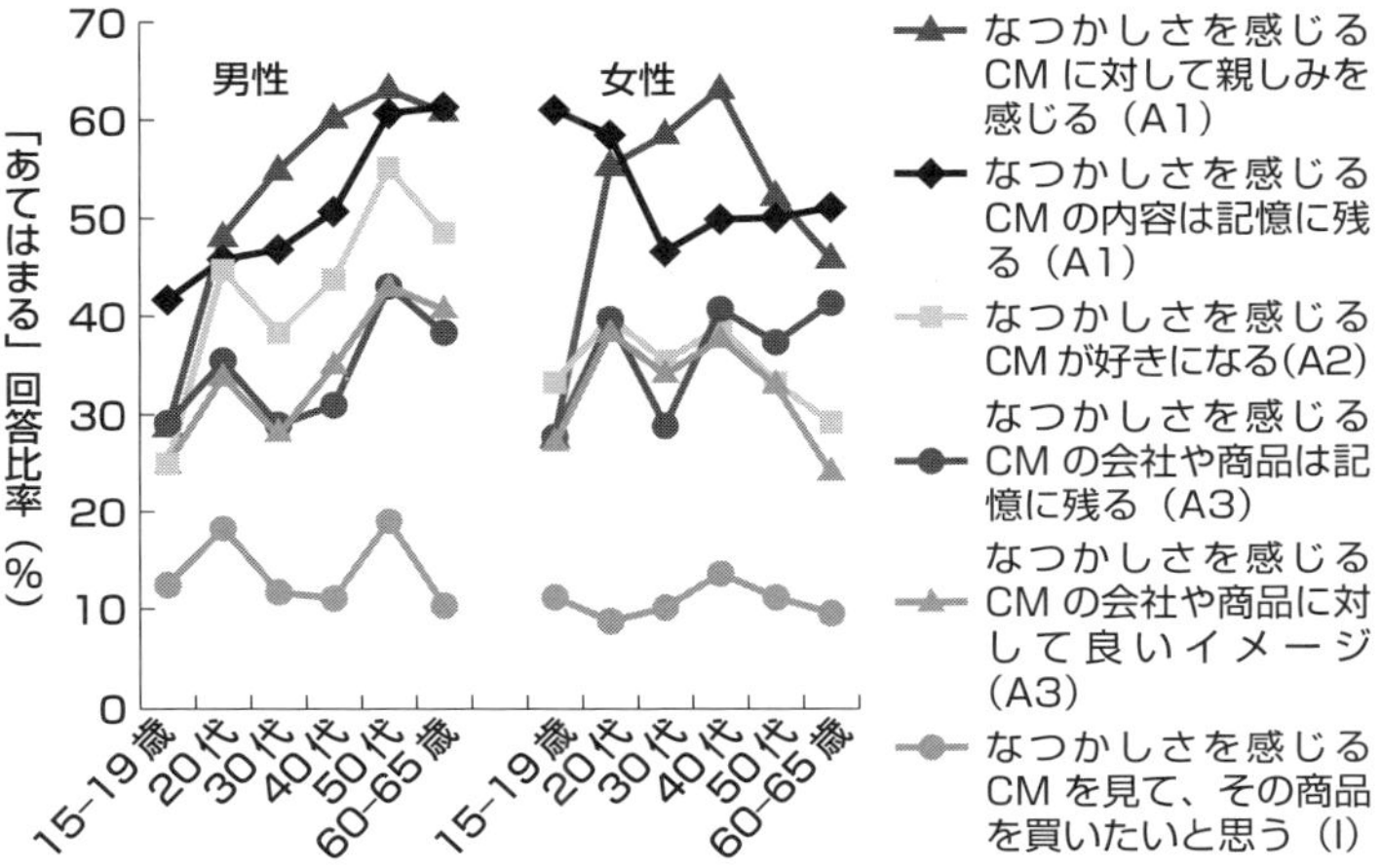

図1–7　なつかしさを感じるCMの効果の年齢差，男女差：「あてはまる」と「ややあてはまる」と答えた人の比率（Kusumi, Matsuda, & Sugimori 2010）

る」と回答する比率は、30〜40代をピークとして、50代や60〜65歳において下がることが明らかになりました。

一方、「あるCMをみて、理由はわからないが、なつかしさを感じる」と回答する比率は、加齢とともに上昇し、50代ではおよそ5割でした。これは、元の経験に関するソース記憶（それをどこで知ったのかに関する記憶）がないにもかかわらず懐かしさを感じるという、デジャビュ（Dé jàvu〈既視感〉）に近い現象です。これは、ある経験が実際に起こったかどうかを判断する記憶モニタリング能力が加齢によって低下したためとも考えることができます（第4章参照）。

ここで、デジャビュとは、初めての場所、人、出来事であるにもかかわらず、強い既知感、親近感、なつかしさを感じる現象です。デジャビュは精神医学的な記憶異常（例：てんかん、離人症）や疲労によって生じるとされていました。しかし、大学生104人に調査した結果、経験者の比率は、74％であり、そのとき、なつかしいという感情は、68％が経験したと報告していました。一方、精神的な疲れは22％でした。また、デジャビュが起こる場所は、村の風景、公園、学校、寺など**図1–3**で示したなつかしい風景と対応していました。[8]

なつかしさを引き起こすCMの効果については、**図1-7**で示すように「なつかしさを感じるCMに対して親しみを感じる」の比率は、男性は加齢によって上昇し、50代で60％を越えてピークとなりますが、女性は、加齢による上昇が、40代で60％のピークとなり、50～60代で下降しています。男性が、なつかしさを感じるCMに関する記憶・好意、商品に関する記憶・良いイメージが加齢に伴い上昇するのに対して、女性では、加齢による上昇は見られませんでした。

なつかしさの二要因モデル——単純接触と時間的空白

自由記述データと質問紙データの分析の結果、なつかしさを引き起こす刺激の条件およびなつかしさが起こる条件としては、過去のある時期におけるある事柄への接触頻度の多さと、接触時期から現在までの長い空白時間がありました。自伝的なつかしさについては、過去の頻繁な接触事象とは、学校の場面、小中学校の校舎・行事・校歌、昔の流行歌、アニメなどです。そして、長い間聞いていなかった曲のように、その事象との接触のない空白期間の存在がもうひとつの重要な要因でした。たとえば、旧友との再会や母校への訪問などです。また、「昔の日本の風景」「セピア色や白黒写真」の構成要素がなつかしさを喚起していました。これらは、社会・文化的なつかしさ要素であり、なつかしいものとして、TVや映画の中で頻繁に使われていると考えられます。自伝的あるいは文化的なつかしさの要素を広告と結びつけたときにどのように記憶に残るかについては第4章で紹介します。

図1-8のなつかしさモデルは、あるテレビCMで聞いた音楽がなつかしさを引き起こすことを示しています。まず、過去における流行歌などとの頻繁な接触があり、その後、まったく接触がない長い空白期間があり

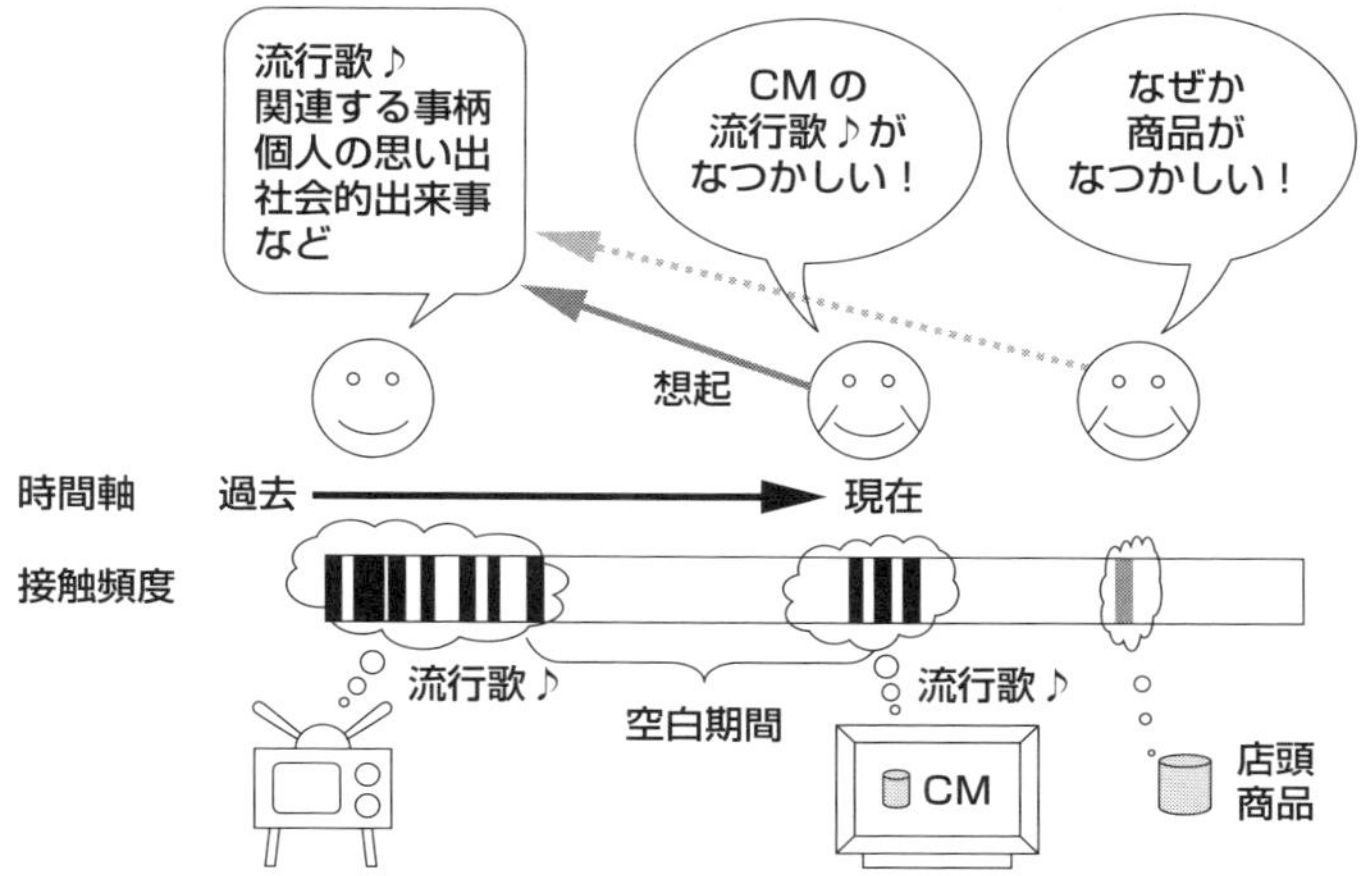

図1-8　なつかしさの2要因モデル：単純接触と時間的空白
（Kusumi, Matsuda, & Sugimori 2010）

ます。そして、現在において、過去に接触したものと同じまたは類似した流行歌に、CMにおいて再び接触することでそれが手がかりになって、強いなつかしさの感情とともに、その当時の個人的思い出や社会的出来事などが連鎖的に思い出されると考えられます。さらに、店頭で商品を見たときに、その広告（ソース記憶）を思い出すことができなくても、商品に対して既知感やなつかしさ、安らぎを感じることになり、商品を手に取って買うことになります。

6　昔をなつかしむ傾向の個人差

昔をなつかしむ傾向の年齢差、男女差

人が、昔をなつかしむ傾向がどのくらい強いかを調べるには、アンケートでノスタルジア尺度に回答してもらう方法があります。[6] 私たちは、その中で代表的なつぎの三項目について五段階で回答者に評定してもらいました。たとえば、「古き良き時代にあこがれる」は、文化的なつかしさに対する好みであり、「今よりも昔の方が自分は幸せであった」「私はときどき人生をやり直せたらと思う」は、

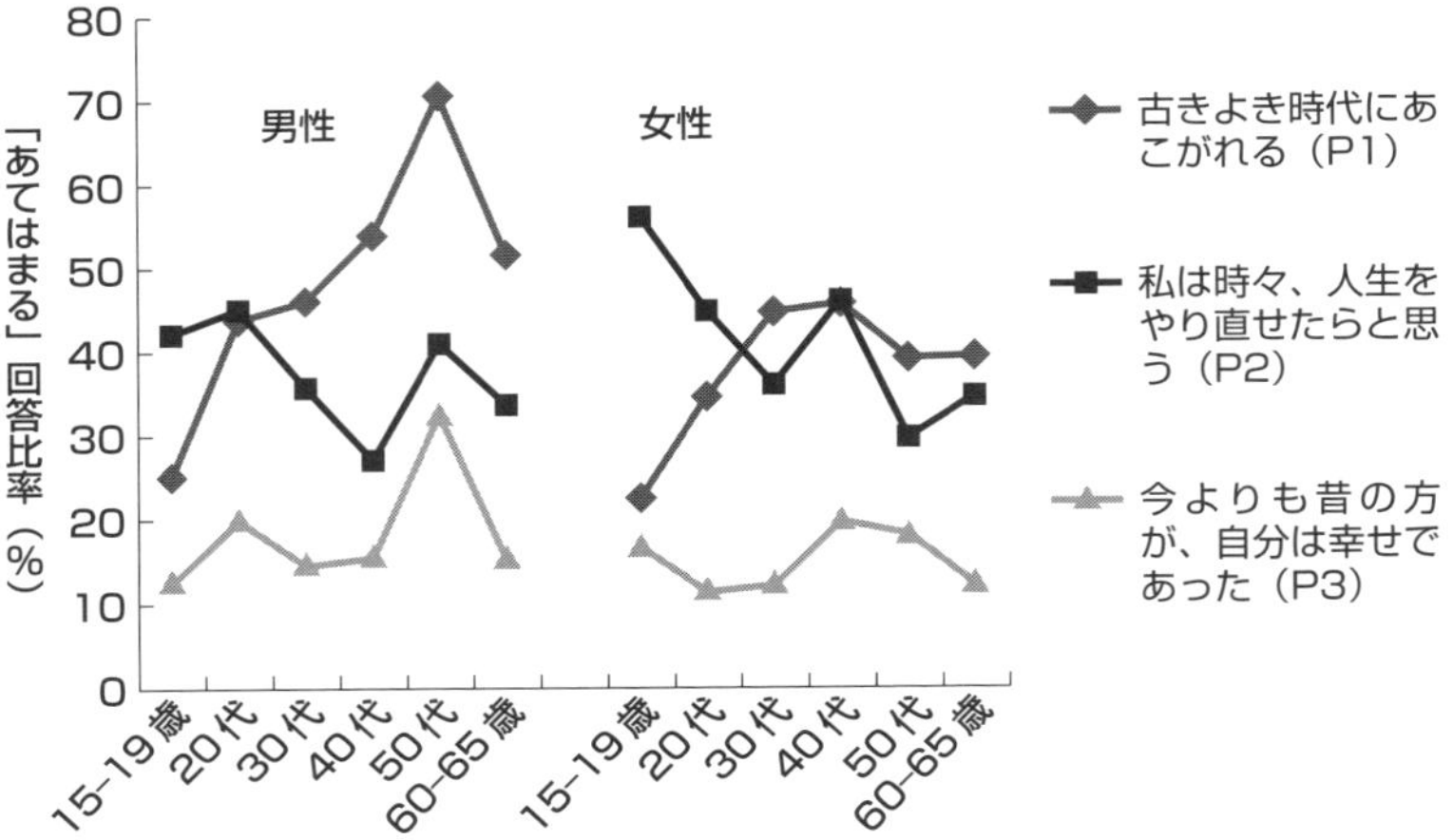

図 1-9　昔をなつかしむ傾向の年齢差，男女差：「あてはまる」と「ややあてはまる」と答えた人の比率（Kusumi, Matsuda, & Sugimori 2010）

自伝的なつかしさであり、過去に戻りたいという願望を示しています。

　図1-9に示すように、男性は、「古きよき時代にあこがれる」と回答する比率は、「私はときどき人生をやり直せたら」と回答する比率より高く、また、「今よりも昔の方が、自分は幸せであった」と回答する比率が一番低くなりました。つまり、古きよき時代にあこがれる傾向はあっても、人生をやりなおしたいと考えたり、昔より不幸せだと考えたりしているわけではないことが明らかになりました。また、「古きよき時代にあこがれる」へのあてはまるとする回答率は、15～19歳がもっとも低く、徐々に上がり、50代がピークでした。「私はときどき、人生をやり直せたら」「今よりも昔の方が、自分は幸せであった」への回答率も、50代で高いことがわかりました。

　女性は、「古きよき時代にあこがれる」と回答する比率と、「私はときどき、人生をやり直せたら」と回答する比率が同程度で、「今よりも昔の方が、自分は幸せであった」と回答する比率が一番低くなっていました。つまり、古きよき時代にあこがれ、人生をやりなおしてみ

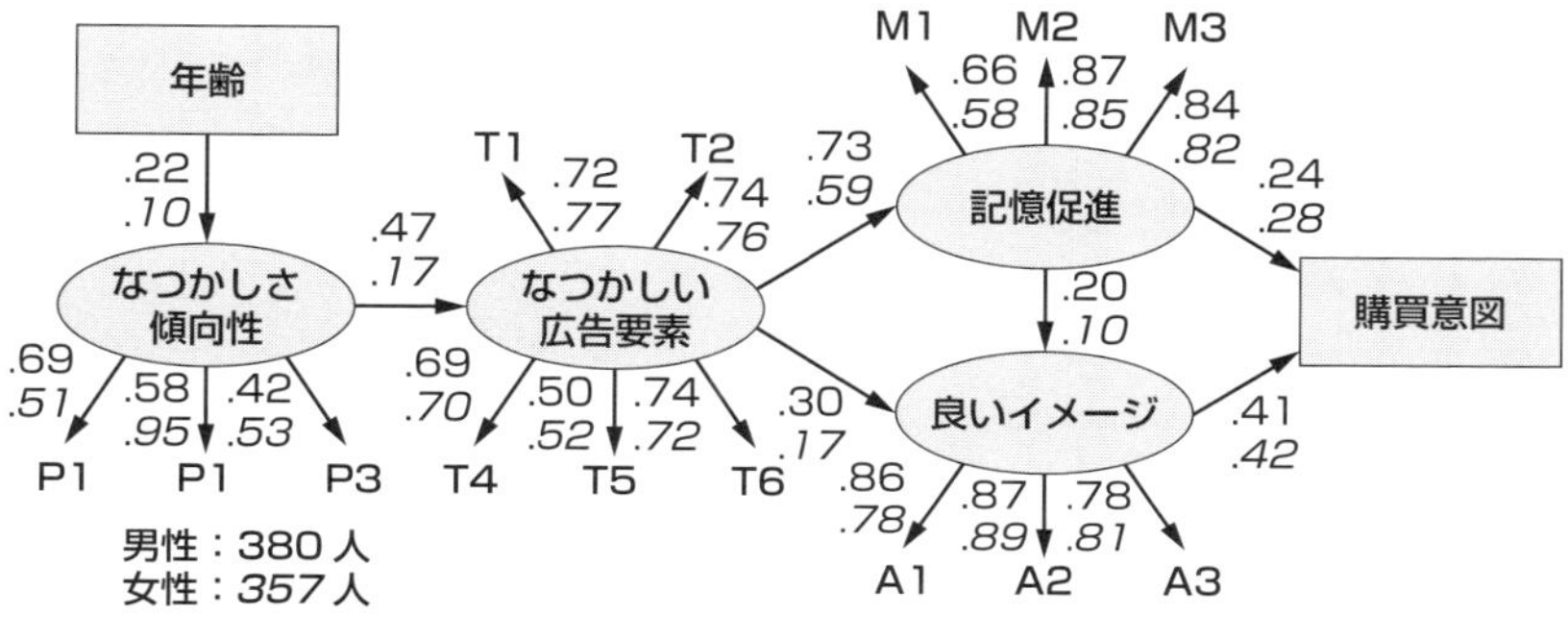

図 1-10　なつかしい CM が購買行動に及ぼす効果（Kusumi, Matsuda, & Sugimori 2010）

（矢印に付した数値は標準化パス係数。数値が大きいほど影響が大きいことを示す。数値上段は男性，下段斜字は女性の場合を示す。「なつかしさ傾向性」からの矢印に付した P1 などの記号は図 1-6，図 1-7，図 1-9 で示した項目で測定されたことを示す）

たいと考えてはいるものの、昔より不幸せだと考えたりしているわけではありませんでした。また、女性においては、「古きよき時代にあこがれる」への回答率は、男性と比較して、加齢による上昇は緩やかでした。「私はときどき、人生をやり直せたら」への回答率は、15～19歳でもっとも高いものの、これはなつかしさを感じることからくるものではなく、就職や進路においての悩みからくるものであると考えられます。また「私はときどき、人生をやり直せたら」への回答率は、男性よりも40代においても高いことが明らかになりました。「今よりも昔の方が、自分は幸せであった」への回答率は男性に比べて、すべての年齢群で低いことがわかりました。

このことから、女性の年齢別になつかしさを感じる傾向を検討したところ、40代において、比較的なつかしさを感じる傾向が高いものの、男性と比較すると全般に低いことがわかりました。また、特に50代において男性がなつかしさを感じる傾向が高いのに対して、女性はその傾向が低下することが明らかになりました。性差は職業生活などの社会的要因が影響すると考えられます。

昔をなつかしむ傾向となつかしいＣＭの効果

ここまで述べてきたアンケートデータに基づいて，視聴者のなつかしさを引き起こすＣＭの認知過程と消費行動に及ぼす効果を明らかにするために，共分散構造分析という統計的方法で，要因の間の影響を明らかにする分析をおこないました。その結果，図１－10に示すように，年を取ることは昔をなつかしむ傾向が高めます。そして，昔をなつかしむ傾向が高いことは，ＴＶのＣＭの要素における昔何度も聴いた曲，場面といった手がかりに対してなつかしさを感じることに影響しました（カッコ内は影響力の強さを示すパス係数で，男：〇・四七が女：〇・一七よりも大きい）。そしてなつかしさ感情によって自身の記憶を思いだし，広告と結びついた記憶が形成され，ＣＭや商品の記憶が促進されます。そして広告に対する親しみやすさなどの肯定的感情が喚起されました。こうした記憶と広告への快のイメージによって，消費者のその商品を買いたいと思う気持ち（購買意図）が高まりました。

７　まとめ――現代社会におけるなつかしさの意義

本章では，本書のイントロダクションとして，なつかしさの概念研究を紹介し，記憶と複合感情にかかわることを述べました。つぎに，なつかしさを支える記憶過程となつかしさを引き起こすきっかけについて説明しました。そして，なつかしいＣＭの認知プロセスと購買意図に及ぼす効果と昔をなつかしむ傾向について，男女差，年代差も含めて検討しました。そして，反復接触と空白期間というなつかしさの二要因モデルを提案しました。

最後に、なつかしさが私たちの生活において果たす適応的な機能について述べます。[12] 個人的なつかしさには、心的タイムトラベルとして、過去の世界に旅をして、現実のつらい気分を忘れたり、過去のつらい記憶をポジティブに変化させ、幸せな気分を高めたりする効果があります。そして、自尊心や自己肯定感を高める効果があります。また人生の意味づけをおこなうことによって、「死への脅威」を緩和するという制御機能[10]があります。さらに、なつかしさには、孤独感を低減し、社会的絆の意識を高め、社会的サポート感を高めます（第6章参照）。これは本章の〔2〕で述べたことに対応します。なつかしさのきっかけになる共同的な回想場面（例：友人との再会）は、幸せな気分を共有し、時間間隔を埋め、絆をつくることができます。これは、社会・文化的なつかしさとも関連しています。また、過去のよきものや伝統あるもの（たとえば建築物）を保存しておくことは、その文化を共有する人たちのなつかしさ感情を引き起こす手がかりとなり、人びとをむすびつけることになります。

ものとしてのなつかしさの手がかりの多くは、時間の流れの中で失われる運命にあります。なつかしさの手がかりとなるもの（古い物・骨董、写真、本・雑誌、TV番組、音楽、映画など）は、収集にコストがかかり、他者との共有も難しいものでした。しかし、近年、個人が収集したなつかしいものの画像を、インターネット上のサイトをつくって公開して、世代を共有する人と情報交換し、語ることができるようになっています。また、YouTubeなどでは、昔の歌、ドラマ、CMなどの動画やその感想を簡単に投稿できるようになっています。したがって、なつかしいものの情報のあるサイトを簡単に検索ができ、なつかしい気分に手軽に浸ることができるようになりました。その点で、なつかしさの手がかりは増えたといえます。

こうしたなつかしいものの情報が日常的にあふれてくることは、なつかしさモデルの二要因のうちの空白期間の要因を低減し、なつかしさのインパクトを弱める恐れがあります。一方でCMをはじめ、なつかしさの手がかりが増えることは、過去の良き経験を、個人だけでなく文化内で後世に伝え、活用することになるとも考えられます。

　こうしたなつかしさを支える記憶と感情の過程が、購買などの日常生活の行動にどのように影響を与えているのか、本書の第2章以降でさらに詳しく見ていきます。*

＊注　本書出版後の各章の著者らによる研究の展開は、『心理学評論』特集号「なつかしさの認知・神経基盤と機能」（六四巻、一号、二〇二一）に掲載されています。

第2章　人はなぜなつかしさを感じるのか

1　はじめに

昨日あなたは何をしていたでしょうか。昨日の出来事を思い出してみましょう。たとえば、近くのコンビニにミネラルウォーターを買いに行ったことを思い出しました。では、１週間前には何をしていたでしょう。ふだん使っている携帯を落としそうになったことを思い出すかもしれません。それでは1年前には何をしていたでしょうか。たとえば、レポートの締め切りに追われて徹夜していたことを思い出しました。では10年前の出来事は何だったでしょうか。夏の暑い日、自分の身体と同じくらいの大きな鞄を抱えて、両親といっしょに車に乗り込んで海辺の街へ出かけたことを思い出すかもしれません。では、今思い出したこれらの記憶は、それぞれどのように感じられるでしょうか。思い出したときに目に浮かぶイメージやそれらに伴う感情はどうでしょうか。これらの記憶は、現在からの時間的距離は異なっているので、昨日の出来事は詳細に思い出せますが、１年前の出来事の詳細なイメージを思い出すには少し努力が必要だったかもしれません。１週間前の携帯を落としそうになったときのことは、少しどきどきした気持ちが思い出されるかもしれません。

では、10年前の出来事はどうでしょうか。昔のことなので、昨日の出来事にくらべるとその記憶は薄れていると考えるのがふつうです。ただ、その思い出した出来事の中には情景があたかも目に浮かぶように思い出されるものもあります。たとえば両親との海辺への旅行をいったん思い出すと、車の中での会話や海辺の街に降り立ったときの潮の香りまで思い出されるかもしれません。今まで忘れ去っていた出来事が、ありありと現前に存在するかのように詳細なイメージとして立ち上がってくるのです。では、それを思い出しているあなたが感じる感情はどのようなものでしょうか。おそらく、単に悲しいとか楽しいといった単純なものではなく、なんだか特別な感情を伴って思い出されたかもしれません。そのときの楽しかった感情と、またその楽しさが過ぎ去ってしまったことへの寂しさ、つまりポジティブな感情とネガティブな感情が織りなす複雑な感情が感じられたかもしれません。その感情が「なつかしさ（ノスタルジア：nostalgia）」なのです。

ノスタルジアには、小学校の卒業式の出来事といった自分自身の体験のように個人的な出来事の記憶に基づくものと、自分自身が体験していないにもかかわらず生じるなつかしさがあります。前者は個人的ノスタルジア、後者は歴史的ノスタルジアと呼ばれ区別されています[28]。後者のようななつかしさは、マーケティング戦略におけるなつかしさの役割を扱う広告研究で主として議論されてきました[9][16]（第３章参照）。このような歴史的ノスタルジアと個人的ノスタルジアの生起メカニズムが同じかどうかについては、まだそのような研究がなく不明ですが、本章では、個人的ノスタルジア、すなわち自分の体験に基づく記憶に関連したなつかしさを議論することとします。そこには、体験の記憶であるエピソード記憶、そしてそれにまつわる感情情報処理が深く関係していると思われます。本章では、記憶心理学の最近の理論的発展を基礎に置きながら、人がなぜなつかしさを感じるのかを考えていきましょう。

2 ノスタルジアとは

日本語のなつかしさに対応する英語であるノスタルジア（nostalgia）は、ある辞書によれば、「過去を切望する甘酸っぱい感覚、あるいはホームシック」（The American Heritage Dictionary, 1994, p. 569）と書かれています。おそらく現代日本語が持つ「なつかしさ」も同じような意味として理解されていると思われます。そこには、悲しいようなあたたかいような複雑な感情が包含されています。

しかし、そのノスタルジアという用語が使われた当初は、複雑な感情を表わすものとしてではなく、よりネガティブな意味で使われていました。このノスタルジアという言葉は、17世紀にスイスの精神科医、ヨハネス・ホーファー[15]が、病名として用いたことに始まります[7][43]。当時、スイスの傭兵が故郷を離れて遠征に出ることがありましたが、なかには、長期の遠征のため、ずっと泣き続けるといった心理的症状や心拍が速くなるといった身体的症状を訴えるものが出てきました。このような症状を現す病名として、ギリシャ語の nostos（return）と alogos（pain）を組み合わせてノスタルジアという造語が作られたのです。

その後、ノスタルジアという用語は、不安、悲嘆、不眠などの心理的症状を示す精神疾患の一つを表わすものとして捉えられるようになりましたが、20世紀半ば頃までにはフロイトによる精神分析的な考え方が一般的になったことを背景に、ノスタルジアは一種の退行と考えられるようになり、強迫神経症、またうつ症状の一種と捉えられました。そこでも、ノスタルジアは（病気の一種としての）ホームシックと同義の意味で用いられています[27]。ただ、近年では、人びとは、ノスタルジアを必ずしも「病気」と捉えているわけではないことが示されています。社会学者のデーヴィス[12]はノスタルジアという言葉の連想を調べて、あたたかさ、古風、子ども時代、切望などが挙げられることを示していますが、これらは直接的に「病気」を表わす言葉ではありません。また、ホームシックは故郷を恋しく思うことを指しますが、ノスタルジア感情は場所だけでなく、人や出来事などさまざまな対象に対して当てはめられる言葉です。[43] このように、ノスタルジアという用語は当初は「病気」を表わすものとして使われましたが、現在では必ずしも「病気」というネガティブな意味をもっているわけではありません（第1、3章参照）。

日本語における「なつかしさ」は、『日本国語大辞典第2版』（小学館）によれば、『懐かしい』動詞『なつく（懐）』の形容詞化。古くは、身近にしたい、慣れ親しみたいという意味を表わし、後世、多く懐旧の思いをいうようになる」とあります。ここには「病気」というネガティブな意味は含まれておらず、日本語の「なつかしさ」は「なつく」つまり愛着に近い、「近づきたい」という接近動機を含む言葉から派生してきたと考えられます。このことは、西洋文化でいう「ノスタルジア」と日本文化における「なつかしさ」は必ずしもまったく同じ意味をもつわけではなく、日本では他者との相互作用の意味合いが強いかもしれません。そういう意味では、「なつかしさ」と「ノスタルジア」は厳密な意味は異なっている可能性があります。ただ、後述しますが、近年の欧米の研究でもノスタルジアが社会的相互作用の機能をもつことが示されてきており、その意味するところが同じかどうかは今後の検討課題です。本章では、現時点ではそれらの違いが明らかにされていないこと、また、ある場所、対象への接近という意味は両者ともに有しており、本章では同じ意味で用いることとします。

3　個人的ノスタルジアに関する心理学的研究

個人的ノスタルジアに関する実証的研究がスタートしたのはごく最近のことです。代表的な研究であるヴィルスフートの研究[43]に沿って、整理してみましょう。[17]

ヴィルスフート[43]は、七つの研究によってノスタルジアのもつ性質を明らかにようとしました。まず研究1では*Nostalgia*という雑誌への投稿内容の分析を行いました。この雑誌は読者から個人的な経験の記述を1000語から1500語程度で投稿してもらうことを求めていて、その投稿の中から42個の投稿を分析しました。その内容分析の結果、記述は自己（self）に関わるもの、また一人称視点で書かれていることが多いことがわかりました。ノスタルジアの対象となるものは人物が約30％、重要な出来事がそれに続き約20％でした。これらのことは、自己と他者との関わり、すなわち社会的要素を含む記述が多いことを示しています。さらに、感情の変化を見ると、ネガティブからポジティブへの変化が約67％で、逆方向の変化、ポジティブからネガティブへの変化は約29％でした。記述全体の感情価はネガティブよりもポジティブなものが多くみられました。

さらに、研究2では172人の参加者にノスタルジックな出来事を想起し、その経験の記述を求めました。そして、そのときの感情状態、ノスタルジアを感じたきっかけ、望ましさの程度、頻度を尋ねました。その結果、研究1と同様のノスタルジア経験の特徴が得られたことに加え、参加者の79％の人びとが、1週間に1回程度はノスタルジア経験を感じていることを見いだしています。またノスタルジアを感じるきっかけとして最も多かったものはネガティブな感情（38％）でした。続いて社会的相互作用（他者との関係など）が24％でした。

研究3、4では、研究1、2で示された、ノスタルジア喚起のきっかけ（トリガー）がネガティブ気分であるという点について実験的な検討を行っています。そこでは、まず気分誘導の後、ノスタルジアに関する質問紙を実施しました。ネガティブな気分誘導は津波に関する記述、ニュートラルな気分誘導は宇宙船が土星に着陸した記事、ポジティブな気分誘導はデトロイト動物園でのホッキョクグマの赤ちゃんの記事をそれぞれ読むことによって行われました。その後、ノスタルジアを感じているかどうかの質問紙（たとえば「今非常にノスタルジックな気分である」）を実施したところ、ネガティブな気分誘導条件において、より強いノスタルジアを感じていることが明らかとなりました。

また、ノスタルジア経験の記載の分析では対人的な記述が含まれていたことから、研究６では、ノスタルジア経験を想起してもらった状態で、社会的絆（ＥＣＲ-Ｒ：Revised Experiences in Close Relationships Scale）を測定するための質問紙を実施しました。この質問紙は、愛着不安（たとえば「私の交際相手は私をあまり気にかけてくれていない」）や愛着回避（たとえば「私は交際相手と親密になると非常に落ち着かない」）といった項目からなります。ノスタルジアを感じている参加者は、そうでない参加者に比べて、ＥＣＲ-Ｒの評定値が低い、つまり、愛着不安や愛着回避傾向が低く、より社会的つながりを求めていることが明らかとなりました。

これらの結果をまとめると、ノスタルジア経験とは、少し悲しい気分のときに、自分を主人公として他者との関わりのある重要な出来事を想起するという状態であるということができます。そして、その経験をすることによって、悲しいネガティブな気分がよりポジティブな気分へと変化する、すなわち、ノスタルジアは気分をよりポジティブなものに変化させる機能をもっていると考えることができます。さらに、ノスタルジア経験は特殊なものではなく、多くの人が日常しばしば経験する一般的なものであることも明らかとなりました。また、ノスタルジアな気分を感じることによって、他者との社会的つながりをより感じる状態になることも示されました。

4　ノスタルジアの機能

以上述べた研究は、ノスタルジアを単に抽象的に議論するにとどまらず、客観的測定によって、人が感じるノスタルジア感が何か、またそれがどのような機能をもっているかを研究することが可能となってきたことを示すものです。

ここではノスタルジアの機能について最近、明らかになってきた点について述べてみましょう。

一つは、孤独感を低減する機能です。２００８年に行われた研究で、孤独感尺度[23]（UCLA Loneliness Scale）、ノスタルジア尺度[22]（SNS: Southampton Nostalgia Scale）、社会的サポート感尺度[48]（MSPSS：Multidimensional Scale of Perceived Social Support）を実施し、その関連を調べたものがあります。[45]ここでの仮説は次のようなものです。ネガティブな感情である孤独感は他者から支えられているという社会的サポート感を低下させますが、すでに述べたように、ネガティブな感情はノスタルジアを喚起する可能性が高いことがわかっています。さらにノスタルジア経験が社会的つながりを感じさせることも示されていることから、ノスタルジア感が高まると社会的サポート感は上昇するはずであるというものです。つまり、孤独感というネガティブな感情は直接的には社会的サポート感を低下させますが、ノスタルジアを感じることによって、社会的サポート感は上昇し、結果的に、孤独感が直接もたらす他者からの孤立という感覚が低減するのではないかという仮説です。実験の結果、この仮説は確かめられました。さらに、ノスタルジアがこのような社会的孤立感を低下させるとすれば、日常場面で逆境から立ち直った人びとにおいてはノスタルジア感が重要な役割を果たしていたことが予想されます。そこで彼らは、逆境からの立ち直りやすさを調べるものとしてレジリエンス（resilience）を測定しました。レジリエンスとは、心理的ショックや侮辱、混乱などの影響からの回復しやすさを指すものであり[14]、その特性の高い人は、テロを受けた経験や配偶者の死といったトラウマ体験からの回復が早いことが知られています。レジリエンスは、たとえば「逆境にあるとき、そこから逃れる方法をだいたい見つけることができる」といった質問項目で測定されます（RS: Resilience Scale）[41]。その結果、レジリエンス得点が高い人は、孤独感が強い場合にノスタルジアを感じやすいことがわかりました。すなわち、逆境から立ち直りやすい傾向のある人は、つらい状況にあるときにノスタルジアを感じることによって、他の人から支えられているという社会的サポート感が高まり、その結果、心理的健康を回復しやすいと考えることができます。

また、日常しばしば感じる退屈さ（boredom）とノスタルジアの間にも関連があることが見いだされています。退屈さは，目的を失った状態であり自分の人生に対する意味のなさを感じさせますが，一方，退屈さを感じることが今度は人生の意味を考えるきっかけになることがわかっています。[5][13] 退屈さとノスタルジアとの関係を実験的に検討した試みもあります。[39] まず，退屈気分を喚起した後に（単純な課題の反復），ノスタルジア喚起条件（なつかしい出来事の記憶想起）と統制条件（一般の出来事の記憶想起）の課題を実施し，退屈な気分のときにノスタルジアを感じやすいこと，また退屈気分とその後の人生の意味を考えるという行為の間に，ノスタルジアが媒介となっていることを報告しています。このことは，ノスタルジアは，退屈さというネガティブ気分の「解毒剤」のような機能をもっていると考えられます。

ノスタルジアがより社会的な行為に影響している可能性も示されています。すでに，ノスタルジアを感じることで社会的つながり感が高まることを述べましたが，それが実際の対人行為，たとえば寄付行為に影響するかどうかについて検討が行われています。たとえば，ノスタルジアを喚起した群はそうでない群にくらべて，より多くの寄付を行う，つまりノスタルジアが寄付という意図を高めること，またノスタルジアによって喚起された共感性が媒介していることがわかっています。[46] ノスタルジアの社会的機能は，実際の行為に反映されることを示唆するものだといえるでしょう。

対人的判断とも深く関わる他者に対する道徳判断課題にノスタルジアが影響する可能性もあります。[18] そこでは，ノスタルジアを感じた場合と感じなかった場合とで，歩道橋ジレンマ（footbridge dilemma）と呼ばれる個人的道徳判断課題の判断が変化することが示されました。歩道橋ジレンマとは，制御不能となったトロッコが近づいてその先にいる5人が死ぬ可能性があるが，線路の上の歩道橋にいる人を突き落とせば1人は死ぬが5人は助かる，どちらを選ぶかという問題です。利益を最大にするという功利的判断に基づけば目の前の歩道橋にいる人を突き落とせばいいのですが（5人助かる），他人を傷つけないといった道徳規則に従う義務論的判断に基づけば目の前の人を傷つけることはなく，歩道橋の人を突き落とさないことになります。実験の結果，ノスタルジア喚起を行った条件ではノスタルジアを喚起しなかった条件にくらべて、功利的判断が減少する可能性が示されました。つまり、目の前の人を傷つけることには躊躇するわけです。

また、ノスタルジアを感じることが肥満に対する態度に影響することも示されています。[38] 彼らは、肥満の人物と出会った記憶に関するノスタルジアが喚起されることによって、肥満者に対するネガティブな態度が変化することを示しました。これは、肥満者に関連したノスタルジアを感じることが、肥満者という外集団（自分が属さない集団）に自分が含まれる感覚を高め、集団間の不安感を低減させ、肥満者外集団に対する信頼度を上昇させることによって、肥満に対する態度を変化させると考えられました。この研究は、ノスタルジアを感じることが、社会的態度を変化させる効果ももっていることを示しています。

以上のノスタルジアの社会的機能に加えて、より生理的な側面にも影響を及ぼすことがわかってきました。すでに述べたように、ノスタルジアはいわば心の平静さを促す働きがあると考えられますが、心理的側面だけでなく生理的側面への影響を検討するために、ノスタルジアと温度知覚の関係を検討した研究があります。その結果、寒い日の方がノスタルジアを感じやすく、またノスタルジアを感じると室温をより高く感じること、さらにノスタルジア喚起状態では痛みに耐えやすいという結果がでました。[47] この実験の研究者たちは、その理由について、ノスタルジアが心と体の極端な状態を平常に保とうとするホメオスタシス機能をもつためであると考えています。

これまで述べた研究は、ノスタルジアのポジティブな機能についてでしたが、場合によればネガティブな機能をもつことも見いだされています。たとえば、ふだんネガティブなことがらを習慣的に考えやすい人は（Habit Index of Negative Thinking 質問紙によって測定）、ノスタルジアを喚起されるとそうでない場合にくらべて、不安と抑うつ傾向がより強くなることが見いだされています。[40] つまり、もともとネガティブなことを考えやすい人は抑うつ傾向が強く、そういう傾向をもつ人がノスタルジアを喚起されるとネガティブなことをより反芻する傾向が高まり、結果として、より抑うつ傾向が強まり、不安も高くなることを示しています。すでに述べた、ノスタルジアがもつ心を平静に保つ機能を考えると、ノスタルジア喚起が臨床応用に使えそうに思われますが、対象者によっては逆の効果をもつ可能性に注意する必要があります（第6章参照）。

さて、以上の研究は、ノスタルジアが何らかの心の制御機能、つまり身体的ホメオスタシス機能、退屈さを低減させ人生の意味を考えるように促す機能、孤独感を低め社会的つながり感を高める機能、社会的態度を変化させる機能などをもっていること、しかし対象者によってネガティブな効果をもつこともあることを示しています。効果についてはポジティブ、ネガティブ両方が報告されていますが、健常者を対象とした場合には、健康な心理状態を保つという機能をもつということができるでしょう。

5　ノスタルジアを支える記憶システム

前節までは、ノスタルジアの機能、すなわち人がノスタルジアを感じることがどのような役割を果たしているのかについて述べてきました。本節では、ノスタルジア喚起時に多く伴うエピソード記憶（自伝的記憶）に関する研究をもとに、人間の記憶という面からノスタルジアがもつ意味を考えてみましょう。

記憶にはさまざまな種類がありますが（**図2-1**〈38頁〉）、長期にわたって保持される記憶（長期記憶）は一般に次の三つ、①エピソード記憶、②意味記憶、③知覚表象システム（無意識的な記憶）、に分類されています（第1章参照）。いわゆる体験の記憶はエピソード記憶[*1]（episodic memory）と呼ばれています。自分がいつどこで何を行ったかに関する記憶です。一方、図書館とは何かのような知識に関する記憶は意味記憶（semantic memory）と呼ばれています。さらに、知覚表象システム（PRS: Perceptual Representation System）が考えられています。これは、一度処理された情報は2度目にはより処理されやすくなるというプライミング効果を説明する無意識的な記憶システムとして提案されました。[36] これら三つの記憶システムは、その特徴や支える神経基盤も異なっていることが知られています。[4,25,34] エピソード記憶と意味記憶は、思い出した際には何らかの意識を伴っていますが、エピソード記憶については、体験を確かに思い出しているという感覚（自己内省的意識：autonoetic consciousness）、また意味記憶については知っているという感覚（既知意識：noetic consciousness）が伴います。[32,35] どちらも記憶を思い出していることには違いありませんが、その意識経験はかなり異なっているといえるでしょう。たとえば、電車の車内で非常になじみのある人の顔を見かけたとします。その人物を知っているという感覚は非常に強いけれど、いつどこで出会った人物であるかはまったくわからないということがあります。この場合、その人を知っているという感覚を伴う意識はありますが、その人といつどこで出会ったという体験を伴う意識はないことになります。つまり、意味記憶は思い出していますがエピソード記憶は思い出していないことになります。その人といつどこで出会ったかを思い出すという過去を再体験するような意識状態はメンタル・タイムトラベル[32,33,42]（mental time travel）と呼ばれ、現在ではエピソード記憶の最も重要な特徴であると考えられるようになっており、これがヒト特有であるかどうかに関する論争も盛んです。[21,29]

ノスタルジアが喚起されたときに想起される記憶は、単に第三者的に「小学校の卒業式に出席した」ということの記憶ではなく、その時点のことが詳細に想起され、いわゆるメンタル・タイムトラベルという意識状態を伴うエピソード記憶の想起であるといえるでしょう。これは「過去への憧憬」[12] といった言葉で表現されることからわかるように、ノスタルジアが過去の記憶と深く関わっていることを示すものですが、近年の研究によれば、エピソード記憶が未来の想像、プランニングに大きな役割を果たしていることが明らかとなってきまし[3]

＊1　同様の用語として自伝的記憶（autobiographical memory）があるが、これは自分自身の体験エピソードの記憶に加えて、自分（self）に関する概念的知識も含めたものを指すものとして使われることが多い（たとえば、Conway 2001）。

た。[26] これはエピソード的未来思考（episodic future thinking）[3] あるいはエピソード的シミュレーション（episodic simulation）[26] と呼ばれていますが、いずれも過去のエピソード記憶の再体験的想起と未来の出来事の詳細なプランニングが共通の特徴をもっており、またその神経基盤も共通している部分が多いことを指摘しています。

たとえば、健忘症患者のAさんは交通事故による側頭葉内側部、海馬を含む領域の損傷によって、過去の個々のエピソード記憶を想起することができなくなりましたが、それと同時に、彼自身の未来の出来事を想像することができませんでした。[32][37] また、同じく心停止により脳が酸素欠乏となって損傷を受けた健忘症患者Bさんは、時間的距離をそろえた過去のエピソード記憶の想起（たとえば、1年前の記憶の想起）と未来の出来事の想像（たとえば、1年後の出来事の想像）を求められても、やはり過去の想起も未来の想像もうまくできないことが報告されています。また、自殺企図のあるほど抑うつ傾向が高い人は過去の出来事の想起も未来の出来事の想像も詳細さにかけることや、[44] 統合失調症患者は一貫した過去の想起と未来の想像が困難であることなど[11] が示されています。さらに、若年者にくらべて高齢者は想起と想像の内容に具体性が少ないことも明らかとなっています。[1]

２００７年に行われた研究で、「誕生日」や「（将来の）退職時」といった手がかりに対して、自分の過去の特定の出来事の想起や未来の特定の出来事の想像と、よく知っている一般的な人物の出来事として想起や想像をする場合の脳活動を測定したものがあります。[31] その結果、自分の出来事の場合のみ、後部帯状回に加えて、両側の前頭極、側頭葉内側部の活動が高まっていることがわかりました。つまり、これらの部位は、他者ではなく自分自身の過去の想起や未来の出来事の想像に特に関与する領域であると考えられます。また、アッディスら[1] は、手がかりの提示から過去あるいは未来の出来事を心の中で作り出すまでの段階を構築段階（construction phase）と呼び（実験では手がかり提示後、出来事を思い出しあるいは想像し始めたときにボタンを押すことでその時間幅を測定）、その後の詳細に思い浮かべる段階を精緻化段階（elaboration phase）と呼んで区別しました。それぞれの段階における脳活動を測定したところ、過去、未来ともに、構築段階では、後頭葉の視覚野および左の海馬、精緻化段階では、海馬、海馬傍回を含む側頭葉内側部および後部帯状回、膨大後部皮質のネットワークの活動が見られました。これらのことから、記憶検索時に一般に活動が見られる前頭葉、側頭葉領域、後部帯状回などの領域をコアネットワークと呼び、過去のエピソード記憶の詳細な想起、未来の出来事の詳細な想像の両者に共通に関わる領域であると考えられています[26]。

このように、近年のエピソード記憶に関わる知見は、過去の特定の出来事の想起、つまりメンタル・タイムトラベルを伴うエピソード記憶の想起が、未来の出来事の想像、プランニングと深く関わっていることを示唆しています。

さて、個人的ノスタルジアを強く感じ、過去の出来事の記憶を再体験するかのごとく思い出した際には、エピソード記憶想起の特徴である自己内省的意識（autonoetic consciousness）が深く関わっている状態といえます。このことを考えると、おそらく、個人的ノスタルジアを感じ、詳細な出来事を思い出している場合には、上記のコアネットワーク領域が関与していると考えられるでしょう。過去のなつかしい出来事を思い出し、その感情に深く浸ることは、一見、過去への後ろ向きの心のはたらきとも考えられますが、過去の想起と同じ脳内基盤が未来のプランニングにも関わっているという上記の知見を踏まえると、個人的ノスタルジアの働きは、必ずしも過去の記憶の想起のみに関わっているわけではないと思われます。すなわち、ノスタルジアを伴う過去の出来事を想起することが、未来の出来事を想像し、プランニングする機能と関連し、あるいはプランニング機能の向上に寄与する可能性も考えられ、今後の研究が待たれるところです。

6 ノスタルジアに関わる感情

ノスタルジアはほろ苦い感情（bittersweet Emotion）を伴うと考えられ、単純にネガティブあるいはポジティブに分類できない複雑な感情を伴います。そのため、ネガティブ感情やポジティブ感情の働きを調べるよりは難しいため、ノスタルジアを感情に関わる研究として正面から取り上げた研究はあまりありませんでした。ここでは、個人的ノスタルジアを非常に強く感じて、過去の自分のエピソード記憶を鮮明に想起した事態を考えながら、単にポジティブ、ネガティブには分類できないノスタルジア感情について考えてみましょう。

音楽は容易にノスタルジアを喚起する刺激の一つです[6]。たとえば、若い頃にヒットしていた音楽を聴くことによって、その当時の自分の体験がありありと思い出され、時には今は無き母親のことを思い出して涙を流すといったことさえあります[*2]。このようなある種の「感動」にも近い状態が、強いなつかしさを感じた場合には生じることがあります。この状態に近い心理状態として、音楽を聴いたときのゾクッとする状態を考えてみましょう。２０１１年の研究では、音楽を聴いたときにゾクッとする感じ（chillという語で表現されています）があったときの脳活動とドーパミン量について検討を行っています[24]。その結果、報酬に関わると考えられている線条体の活動が見られたとともに、快感情に関わるドーパミン量がゾクッという感じを期待し、また実際に感じるときに増加することを見いだしました。より詳細には、ゾクッとする感じを期待する段階では尾状核（caudate）、ゾクッとする感じが頂点に達する段階では被殻（accumbens）でのドーパミン量の増加が見られています[*3]。非常に強いノスタルジアを感じた状態がこのようなゾクッとする感じに近いとすれば、また音楽が過去の自分の体験を想起させやすく、ノスタルジアをも感じさせやすいことを考えると、ノスタルジアという感情状態は、人間にとって報酬としての役割を果たしているのかもしれません。

一方、それほど強い「感動」ではない、弱いノスタルジアが喚起される場合も考えられます。たとえば、数年前に読んだ小説を読み直して、そういえば読んだ当時はまったく別の感想だったなあ、などと思い出すとき、強い感動はなくてもノスタルジアを感じる場合があります。その場合は、上記に示したような強い報酬系の活動が瞬時に賦活するかどうかは残念ながら現時点ではわかりません。ただ、これまでの研究で取り扱われてきた「ノスタルジア（なつかしさ）」には、これらの強い感動を含むものとそうでないものが両方含まれているように思われますが、このような強度の異なったノスタルジアが同じメカニズムによるのかどうかは、今後明らかにしていく必要のある課題です。

また、ノスタルジアを感じたときのリアルタイムな時間変化についての研究はほとんどありません。ノスタルジア研究の代表的手法は質問紙法による調査で、[19]すでに述べたようにその手法によって明らかになったことは数多くあります。しかし、この手法でノスタルジア喚起のリアルタイムな時間的変化の詳細を捉えることは困難です。またノスタルジアを喚起する実験研究であっても、感情状態や記憶の想起を測定するのはノスタルジア喚起後数十秒後あるいは数分後といった時間単位で測定されます。そのため、ノスタルジア喚起の時間的側面についてはほとんど明らかにされていません。つまり、子ども時代に聴いた音楽によってなつかしさを感じる場合、時間をかけて少しずつじわじわと感じる場合もあれば、まず急速に強いなつかしさ感情が高まる場

＊2　YouTube にアップされている昔の音楽に対して聴取者がつけているコメントには、それがなつかしさを感じさせ、非常に強い感情を喚起する例がしばしば含まれている。たとえば、以下の様な例がある。「当時中学3年だった私の家庭は、裕福ではありませんでした。後日アルバイトをしてお金を必ず返すと親に頼み込み、コンサートのチケットを手に、夜行列車に乗り一人で大阪からみにいきました。30年近くたった今でもこの日のコンサートのことは鮮明に記憶にあります。なけなしの生活費からお金を貸してくれた母ありがとう！」。

＊3　尾状核も被殻も線条体と呼ばれる部位の一部である。

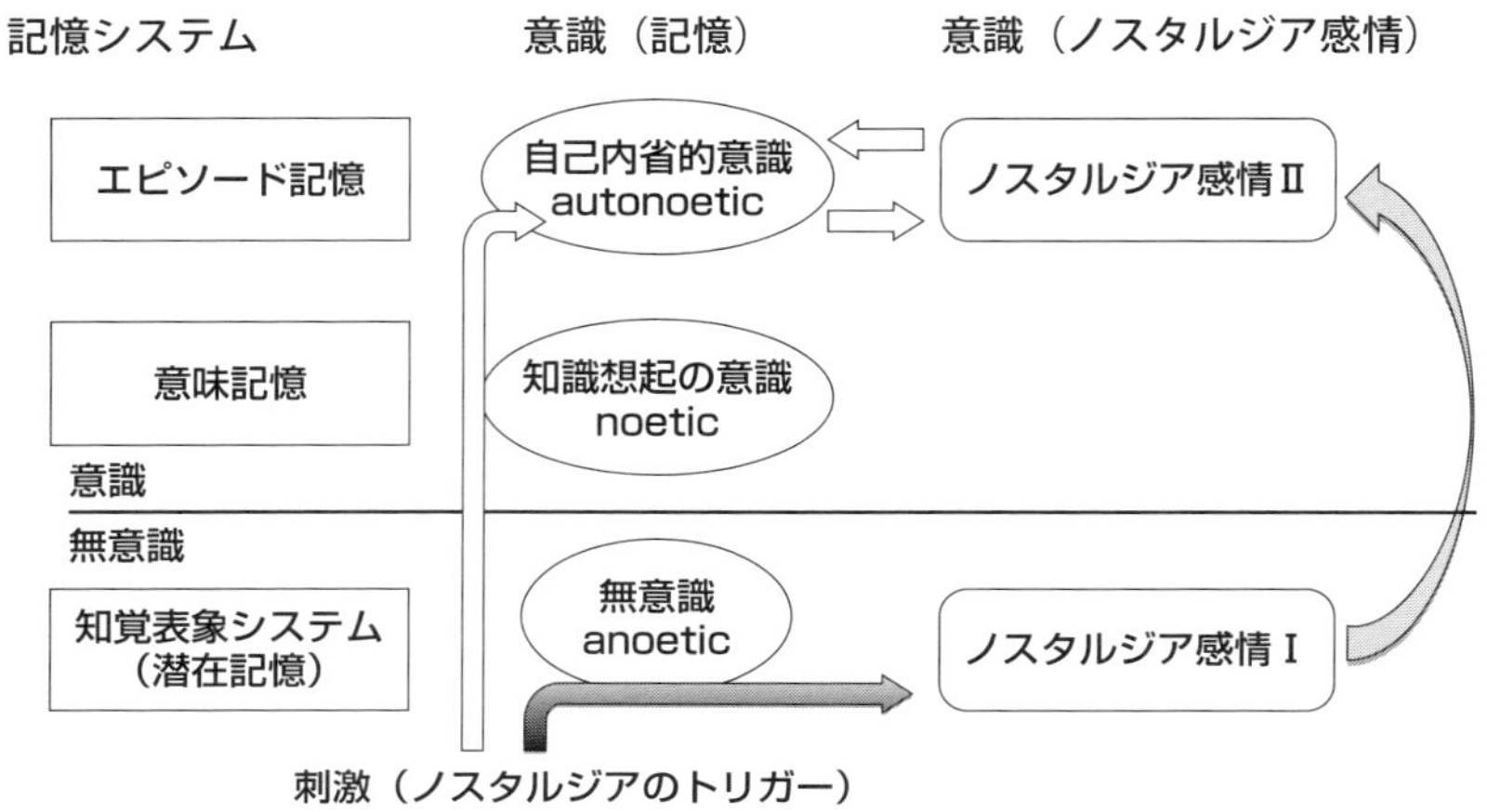

図2-1　記憶の種類とノスタルジア感情

合もあります。前者の場合は、子ども時代に聴いた音楽によって、当時の出来事を想起し、自伝的記憶の詳細を少しずつ思い出すとともに、その記憶がトリガー（引き金）となってなつかしさが感じられるという時間経過をたどると考えられます。一方、後者のように急激になつかしさ感情が高まる場合は、まずなつかしさ感情が喚起され、その後、そういえば当時こういうことがあったなどの当時の出来事の記憶が思い出されてきます。この場合は、感情が自伝的記憶検索のトリガーとなっているといえるでしょう。

図2-1は、このような、手がかり刺激からエピソード記憶の想起およびノスタルジア感情が喚起される二つの可能性を示しています。ひとつは手がかりから自動的かつ急速に感じられるノスタルジア感情であり「ノスタルジア感情Ⅰ」と表わしました。一方、手がかりからエピソード記憶の詳細を想起し、その後、ゆっくりと感じられるノスタルジア感情を「ノスタルジア感情Ⅱ」と表わしました。「ノスタルジア感情Ⅰ」は、すでに述べたゾクッとする感じに近いため、詳細な感情が認知される前の情動と呼んだ方がいいかもしれません。一方、ゆっくりと感じられるノスタルジア感情Ⅱは歴史的ノスタルジアを感じている状態に近いかもしれません。い

ずれにせよ、個人的な記憶を基礎にする個人的ノスタルジアの中にも、異なった性質をもつノスタルジア感情がある可能性があり、この点を区別しながら検討していく必要があると思います。

7　まとめ

本章のタイトルは、「人はなぜなつかしさを感じるのか」でした。ここまで述べてきませんでしたが、この「なぜ」には二つの意味があります。ひとつは「どのようなことになります。そのメカニズム」が原因となって、その結果、ノスタルジアを感じることになります。「なぜ」のもう一つの意味は「何のために人はノスタルジアを感じるのか」というものです。これは、ノスタルジアが原因となって、他の心理現象や行動を引き起こすという点に着目するものです。本章では前半で「何のために」、後半で「どのようなメカニズムで」について述べてきました。「何のために」人はなつかしさを感じるのかについてはかなりのことがわかってきていますが、「どのようなメカニズムで」については、まだまだ不明なことが多い状態です。ただ、記憶と感情が深く関わっていることは明らかです。あと少し、この点について述べてみましょう。

本章の最初で、ノスタルジアは個人的ノスタルジアと歴史的ノスタルジアに分けられることを述べました。ただ、それは現象的な分類であるので、その生起メカニズムがまったく異なるのか、あるいは同じメカニズムに基づいているのかは明確ではありません。また、個人的ノスタルジアの中にも、瞬時に非常に強いなつかしさを喚起するものもあれば、時間をかけてエピソード記憶の詳細な想起をトリガーとして生じるものもあると考えられます。おそらく、私たちがなつかしさ、ノスタルジアと呼んでいる心理状態は、個人的、歴史的という区分以外に、急速に立ち上がる情動優先型のものと、個人的エピソードを詳細に思い出しながら感じる、ゆったり立ち上がる認知優先型のものという区分が可能かもしれません。ゾクッとする状態の研究で述べたように、急速に立ち上がるノスタルジアはそれに近く、ゆったり立ち上がるノスタルジアは異なったメカニズムが背景にある可能性もあります。ノスタルジアの生じるメカニズムを解明するためには、このような区分を念頭に置いた実験的研究が必要だと思われます。

また、メンタル・タイムトラベルを伴うエピソード記憶は、進化的に最も遅く現れてきたという考え方があります[35]。つまりエピソード記憶はヒト特殊であるとするものです。この点については、動物もエピソード記憶をもっているとする主張があるなど論争中ですが[30]、ノスタルジーがエピソード記憶と切っても切れない関係にあるとすれば、このような複雑な感情は、たとえば恐怖などの基本感情とは異なり、進化の最も遅い段階で現れてきた感情かもしれません。ノスタルジーを感じるのが人間のみかどうかはまだわかりませんが、少なくともノスタルジーの機能とメカニズムを解明することが、単にノスタルジー（なつかしさ）というトピックを明らかにするというだけでなく、人はなぜ過去の記憶をありありと思い出すのか、人はなぜ他者との関わりをもとうとするのかなど、記憶、感情の中でも最も人間らしい部分の特徴を捉える重要な道しるべになるのではないかと考えています。

第3章 消費者行動研究からみたノスタルジア*

1 消費者行動研究における「ノスタルジア」とは

消費者行動研究という分野

消費者に関する様々な問題を扱う分野の一つに、「消費者行動研究」があります。一般には、「消費」というと、「買い物」をイメージしがちではないかと思いますが、ここで言う「消費」とは、商品の購入、使用、処分等を指す広い概念です。しかし消費者行動研究には、消費のトレンド予測や大衆消費社会のあり方に関する

*注 本章は、2011年度の日本心理学会公開シンポジウムで発表した内容をもとにし、会場で出していただいた質問をふまえて加筆・修正したものです。また本章執筆に際し、都内各地のノスタルジックな商店街、観光案内所等でお話を伺いました。皆様に感謝申し上げます。

議論は含まれません。また、いわゆる〝賢い消費者〟になるための方法に関する議論も含まれません。この分野では、消費者はどのように商品を比較して選んでいるのか、商品に対する消費者の満足は何によって左右されるのか、商品に関する消費者の知識はどのように形成されていくのか等の問題が、実験や調査によって調べられてきました。

消費者行動研究では、かつては、研究成果をマーケティング活動（商品やサービスの企画、価格設定、流通プロモーション等にかかわる諸活動）に役立てるということが重視されていましたが、近年このことは必ずしも求められません。消費者としての人間に関する理解を深めることに関心が向けられています。そのため、心理学との結びつきは重要です[43]。なかでも、認知心理学、感情心理学、社会心理学とは多くの接点があります。消費者行動の実験や調査では、しばしば心理学の理論を応用したり、心理学の概念を用いたりしています。しかし逆に、消費者行動研究から得られた知見が、消費という枠を越えて、人間の認知や感情の働きの解明に役立つこともあると考えられます。この章では、消費者行動研究におけるノスタルジア研究の視点から、なつかしさをめぐる心理学的な問題にアプローチしていきます。

「ノスタルジア」の定義

「ノスタルジア」とは何でしょうか。これは、17世紀後半に医学論文[12]の中で掲げられた造語であり、故国から離れている人たち（特に、青年期の人たち）に見られるホームシックの病的状態を意味する言葉でした。そのため、ノスタルジアをテーマとする研究も、精神医学や精神分析の分野で進められていました。最初はスイス人に顕著な病気と見られていましたが、その後、他の国の人びとにも見られる病気であることがわかりました。病気とまではいえない状態、望郷の状態であれば、昔から多くの人が経験してきました。奈良時代に遣唐使として唐に渡った安倍仲麿（６９８〜７７０年）も、強い望郷の気持ちを抱いていたと思われます。帰国に際して送別会で詠んだとされる「天の原ふりさけ見れば春日なる三笠の山にいでし月かも」の歌は、古今集や百人一首にも選ばれていますが、葛飾北斎（１７６０〜１８４９年）や月岡芳年（１８３９〜１８９２年）の浮世絵にも描かれています（**図３−１**）。このことは、時代や階級を越えて多くの人びとがこの歌の心を理解し、共感してきたことを物語っているように思えます。実際には帰国できなかったのですから、人びとの心により深く響いてくるのではないでしょうか。

しかし、社会学者のデーヴィス[7]は、現代社会においては人びとの移動が頻繁であるため、場所への愛着は弱くなり、「ノスタルジア」の意味は望郷から過去への思いに変わったと論じています。またデーヴィスが指摘しているように、今日ではノスタルジアを病気として捉える人はほとんどいません。さらにデーヴィスは、現代のノスタルジアには、私的なものだけでなく、他の人と共有される集合的なものもあると論じています。そして、集合的なノスタルジアは、マスメディアによって広められたり創り出されたりしていると指摘しています。

図３−１　葛飾北斎『詩哥寫真鏡』
「安倍の仲麿」（部分）

ノスタルジアの意味の変化に伴い、ノスタルジアを研究対象とする分野も増えてきました。消費者行動研究の分野では、１９９０年頃からノスタルジアをテーマとした研究が行われています。この動きは、当時、消費者行動研究の分野で扱うテーマが広がっていったことと関係しているようです[17][18]。商品の選択・購買ばかりではなく、

図 3-2　若年層や子どもで賑わう昭和のテーマパーク型商店街
（東京都・2012 年 11 月筆者撮影　許可を得て掲載）

消費することの意味を明らかにすべきだという考え方や、消費に伴って生じる多様な感情に目を向けるべきだという考え方が出てくる中で、ノスタルジアへの関心が生じたと考えられます。

初期の研究として、ホルブルックとシンドラー[15]の研究がありますが、この研究の中で彼らはノスタルジアという言葉の定義を掲げています。それは、「人が、若かったとき（成人期初期、青年期、幼少期、さらには生まれる前までも）、今より一般的だった（流行していた、ファッショナブルだった、あるいは広く流布していた）もの（人、場所、物）に対する選好（一般的な好意、肯定的態度、あるいは好意的感情）」というものです。

その後の消費者行動研究では、この定義、あるいは、これに近い定義が用いられることが多いようです。本章でも、この定義にしたがって「ノスタルジア」という言葉を用います。この定義の特徴と言われているのは、「生まれる前」を含んでいることです[9][29]。

日本でも、近年各地にある「昭和の街並み」「昭和の商店街」等に行ってみると、昭和をほとんど知らないような世代で賑わっていることがあります。立地条件やシーズン、曜日にもよるようですが、特に、都市に位置し、テーマパークのような形で昭和の商店街が再現されているところでは、年配の人びとより若年層や子どもを多く見かけます（**図 3-2**）。店内に入ってみると、大学生ぐらいの買い物客が「なつかしい」などと言いながら、駄菓子や玩具を見ています。このような世代の消費者も、おそらく幼少期にそうした商店に行ったことはあるのでしょう。しかし、当時すでに〝昔のもの〟という位置づけになっていたと考えられます。彼らは、主として自分自身がもっている歴史的知識や、過去のイメージに照らし合わせながら、ノスタルジアを感じていると推測できます。

ここで、そもそも生まれる前の時代への肯定的態度と自らが経験した過去への肯定的態度をいっしょに扱ってしまってよいのかという疑問がわいてくるかもしれません。何らかの区別をする必要があると思えてくるのではないでしょうか。

2　ノスタルジアの分類と「なつかしさ」の関係

ノスタルジアの二分類

消費者行動研究の分野では、以前からノスタルジア概念の分類が試みられてきました。さまざまな分類のしかたがありますが[18][32]、ここでは、消費者のノスタルジア研究が始まって間もない頃の比較的シンプルな分類方法を紹介します。

ハヴリーナとホーラック[10]によれば、アメリカでは、ベビーブーマー（第二次世界大戦後のベビーブーム期に生まれた人びと）とシニア世代（この研究では70歳前後の人びとを指しています）は、特にノスタルジア傾向（過去を肯定的に捉える傾向）の強い世代だということです。そしてハヴリーナとホーラックは、この消費者層をターゲットとしたノスタルジックな商品と広告に、二つのタイプがあると論じています。

一つは、過去のものをそのまま使った商品や広告です。もう一つのタイプは、意図的に古めかしさをアピールするものです。彼らによれば、後者は史実とはほとんど関係がない場合が多く、言わば〝製造された記憶〟

に基づいています。それらは理想化された過去のイメージを表わしているということです。彼らは、実際には新しい商品や広告でも、いかにも過去のものらしいという感覚を生じるならば、ノスタルジックといえると論じています。

さらに、ノスタルジアのマーケティングへの応用に関しては、「レトロ・ブランディング」という概念も掲げられています。[6]これは、かつての商品やサービスを復活させることを意味しますが、そのまま売り出すのではなく、多くの場合、今日の機能的水準や現代の人びとの好みに合わせて新しくしたものを市場に送り出しているということです。

後にホーラックとハヴリーナが行った調査研究[13]でも、ノスタルジアには、消費者自身が経験した過去への慕情と、直接経験していないものごとへの慕情があることが見出されています。彼らは、前者を「個人的ノスタルジア」と呼び、後者を「歴史的ノスタルジア」と呼んでいます。

ノスタルジックな広告について研究したスターン[41][42]もまた、ノスタルジアを「個人的ノスタルジア」と「歴史的ノスタルジア」に分けています。

スターンの言う個人的ノスタルジアとは、個々人の過去から、心地よい部分だけを取り出し、美化したものを指しています。消費者は、個人的ノスタルジアを喚起する広告を見たり聞いたりすることによって、自分の過去を思い出すと考えられます。この種の広告の場面設定は消費者にとって見慣れたものであり、登場人物はごく一般的な人であるとスターンは論じています。

一方、自分自身が生まれる前の古き良き時代を思い描き、肯定的な感情を抱くときは、歴史的ノスタルジアを経験しているといえます。スターン[41]によれば、歴史的ノスタルジアは、過去の時代を舞台とした小説や物語を基盤にして形成されており、理想化されているということです。そして、歴史的ノスタルジアを喚起する広告の場面設定は、遠い過去であり、エキゾチックであるとスターンは論じています。またスターンによれば、消費者は，歴史的ノスタルジアを経験することによって，歴史の延長線上に自分を位置づけてアイデンティティを確認できるということです。

ノスタルジアの分類に関するその後の消費者行動研究では，文化的な共有という観点を加える，[22]身近な年配者の経験談を聞くといった間接的なノスタルジアを一つのカテゴリーとする等の分類が提案されています。しかし大枠では，自分自身が経験した過去か歴史的な過去かという分類と，多かれ少なかれ共通しているようです。

この章でも，以下では「個人的ノスタルジア」と「歴史的ノスタルジア」に分けて話を進めていきます。ただし，歴史的ノスタルジアに関しては，スターンの用法にそのまま従うのではなく，次の二点を変更して用いることにします。

第一は，異文化の過去にも積極的に目を向けることです。[29]消費者は，歴史の延長線上に自分を位置づけられなくても，歴史的な知識に基づいてイメージを形成し，それに照らし合わせることによってノスタルジアを感じることがあると考えられます。

例として，海外のレトログッズが日本で売れたり，海外のノスタルジックなテレビドラマや映画，絵画作品などが日本でも評判になったりすることが挙げられます。また近年は，アメリカの１９５０年代風のダイナー（食堂車の形をした大衆向けレストラン）や古めかしい雰囲気の漂うアイリッシュ・パブなどが日本でも増えているようです。そうした店には，外国人もさることながら，多くの日本の消費者が訪れています。

逆に，昭和の頃の雰囲気を漂わせる商店街を，外国からの観光客が散策していることもしばしばあります。お店の方のお話によれば，そうした観光客の中には，安心感があるという人もいるそうです。また観光ガイド等から，昔ながらの活気とあたたかさが今も残っている商店街という情報を予め得ている場合もあるそうです。ですから，外国人観光客も，ノスタルジックな雰囲気を期待して訪れているのかもしれません。こうした現象は、異文化の過去へのノスタルジアも存在するということを示しているのではないでしょうか。

変更点の第二番目は、比較的近い過去を取り上げることです。[30]スターンの研究にあったように、遠い過去への慕情というのは、エキゾチックな魅力を感じることを含んでいますが、これは、慣れ親しんだものに思いを馳せる現象とは異なります。デーヴィスも、自分が経験した過去への思いと、生まれる前の時代に対して生じる感情を区別すべきだと論じています。

ただし、ここで少しややこしい問題が生じます。それは、比較的近い過去となると、すでに生まれていて経験している人と、生まれていない人がいるという問題です。この点についてはこれまでの研究では充分な議論がなされていません。しかし、特定の時代が、ある人にとっては個人的ノスタルジアとなり、別の人にとっては歴史的ノスタルジアとなると考えればよいでしょう。

たとえば、昭和の面影を残す商店街で買い物したり散策したりするとき、昭和あるいは昭和以前の生まれの消費者と平成生まれの消費者では、幾分性質の異なるノスタルジアを感じていると考えられます。生まれていた人は当時の自分自身と重ね合わせながらノスタルジアを感じるでしょうし、生まれていなかった人は歴史的知識やこれまでに形成してきた過去のイメージに重ね合わせながらノスタルジアを感じるでしょう。

では、比較的近い過去というのはどこまでを指すのでしょうか。デーヴィスは、ノスタルジアを感じることのできる範囲を、年数ではなく、時代の連続性の観点から説明しています。デーヴィスによれば、現代の感受性では理解できないほど歴史的にはるかに隔たってはいない時代、不連続ではない時代であることが重要ということです。この考え方を消費生活に当てはめてみるならば、人びとの暮らしが現代の暮らしと似たような形になってから後を、連続する時代として捉えることができます。

もっとも、現代の生活様式に近づいていればどの時代でもよいというものではありません。ノスタルジアを喚起しやすい時代があるということも、これまでの研究の中で指摘されています。[41]アメリカでは、１９５０年代や1930年代、さらに遡って「ヴィクトリア時代」と呼ばれる時代がしばしば挙げられています。ヴィクトリア時代というのは、イギリスのヴィクトリア朝（1837年～1901年）の時代と対応する呼び方です。ノスタルジア問題を取り上げた『ニューヨーク・タイムズ』の記事[8]によれば、この時代は、食べ物、ファッション、祝祭日の過ごし方等において、古風な魅力やあたたかさ、心地よさを感じさせるということです。クリスマスが今日のようなスタイルになったのもこの頃と言われています。

日本では、ノスタルジックな時代として昭和30年代が取り上げられることが多いようです[1][25]。2005年に公開されてヒットした映画『ALWAYS 三丁目の夕日』の時代設定は昭和30年代です。2012年に高視聴率を記録したテレビ番組『梅ちゃん先生』も、昭和20年代、30年代の人びとの生き方や暮らしを描いた作品です。昭和30年代が取り上げられやすいことの理由として、社会学の分野では、「古き良き日本の伝統」を保持していた時代であることや、日本が元気になっていった時代であることを挙げている研究[1]があります。

しかし近年は、「80年代懐かしの洋楽」のような括り方や、1990年頃のディスコを復活させるイベントなどもありますから、ノスタルジアを喚起しやすい時代は昭和30年代だけとはいえないようです。時代が遡りますが、昭和初期に時代設定をしたテーマパーク的な商店街もあります。また、「大正浪漫」のイメージが浸透している大正期も、ファッションや小物、雑貨等の領域では、ノスタルジアを喚起しやすい時代といえるかもしれません。

個人的ノスタルジアとしての「なつかしさ」

このように、消費者のノスタルジアは、主として個人的ノスタルジアと歴史的ノスタルジアに分けられてきました。しかし実際には、自分の経験を思い出すとき、歴史的な背景も同時に思い出すという場合もあるでしょう。デーヴィスは、ノスタルジアに私的ノスタルジアと集合的ノスタルジアがあるとしながらも、両者を厳密に区別することは難しいと論じていますが、個人的ノスタルジアと歴史的ノスタルジアの区別にも、同じことが当てはまりそうです。では、ノスタルジア研究を進めていくにあたって、両者を敢えて区別することの意義は何でしょうか。

ハヴリーナとホーラック[10]は、生まれる前の時代への肯定的態度は本来の意味でのノスタルジアではないとする考え方があるものの、消費者行動研究では、生まれる前も含めるのがよいと論じています。そしてその理由として、生まれる前の時代への慕情においても、自分自身の過去経験への慕情と同様に、あたたかさや幸福、安心等が感じられることを挙げています。

つまり、個人的ノスタルジアと歴史的ノスタルジアは、意味は異なっているにもかかわらず、似たような心理的反応を生じると考えられます。では、生まれる前の時代のものごとに慕情を感じることがあるのはなぜなのでしょう。改めて考えてみると、不思議な現象ではないでしょうか。

ここで、「なつかしさ」という言葉に目を向けてみましょう。今日私たちが使っている「なつかしさ」という言葉の意味は、「ノスタルジア」の意味と同じでしょうか。「なつかしい」という言葉を歴史的に遡った研究[35][45]によれば、この言葉は、もともと隔たりのある対象に対して「なついた状態になりたい」という気持ちを意味していました。そしてノスタルジアの場合と同様に、慕情を感じる対象が空間的なものから時間的なものに変わっていったということです[45]。この点に着目すれば、「なつかしさ」と「ノスタルジア」をほぼ同じ意味の言葉として捉えることができそうです。

ところが私たちは、「なつかしいものを挙げてください」と言われたら、まず自分自身が経験した過去を思い起こすのではないでしょうか。これは、消費者行動研究における個人的ノスタルジアに相当します。では、歴史的ノスタルジアについてはどうでしょう。「なつかしい」という言葉を使うことはあっても、個人的になつかしいという思いが生じることはなさそうです。

記憶の観点から捉えてみると、両者の違いがより明確になります。つまり、個人的ノスタルジアがエピソード記憶（自分自身に関する記憶、第1章参照）に基づいて形成されるのに対し、歴史的ノスタルジアは、歴史に関する「意味記憶」（外的な事象、言葉、概念等に関する知識、第1章参照）に基づいて形成されると考えられます[18]。

この分類との対応関係を探った実験研究[23]もあります。古いヒット曲を聴いてもらう実験ですが、この実験では、なつかしさ反応と自伝的記憶（第1章参照）の想起が結びついていることや、なつかしさ反応の方が自伝的記憶の想起より数百ミリ秒速く生じることが明らかにされています。また、なつかしさを「自伝的なつかしさ」と「文化的なつかしさ」に分け、自伝的なつかしさがエピソード記憶に基づくのに対し、文化的なつかしさは意味記憶に基づくとする概念モデル（第1章図1-2）も考案されています。

「なつかしさ」の概念を理解するための鍵は、この部分に隠れているように思えます。〝個人的ノスタルジアにあって歴史的ノスタルジアにないもの〟を探ることによって、なつかしさの本質的な部分を明らかにできるのではないでしょうか。

田舎で暮らしたことはないのに、一昔前の田舎の風景に惹かれるといった現象も、個人的ノスタルジアと歴史的ノスタルジアの違いに着目することによって説明できるかもしれません。都会しか知らない消費者にとっては、田舎の風景の中に過去の自分を見出すことは難しいでしょう。しかし、すでに獲得している知識に基づいて一昔前の田舎の風景のイメージを形成できれば、歴史的ノスタルジアを感じるのではないでしょうか。

これまでの研究の中には、直接経験した過去へのノスタルジアは、自分が経験していない過去へのノスタルジアより程度が強いという考え方を示しているものもあります。しかし、個人的ノスタルジアと歴史的ノスタルジアの違いは程度の差だけなのでしょうか。本章の視点から捉えると、質的に異なる部分があるように思えます。細かく比べてみると、違いが見えてくるのではないでしょうか。

3　個人的ノスタルジアと歴史的ノスタルジアの比較

ノスタルジア感情の性質

ノスタルジアとはどのような感情か

前述のように、ノスタルジアという言葉を語源まで遡ると、喪失感や苦痛の要素が大きかったことがわかります。しかし、ノスタルジックなエピソードを集めた雑誌を分析した研究[47]では、肯定的な感情を伴う話が多かったことが示されています。否定的な要素があっても、最終的には良い方向に向かって行った経験が、後にノスタルジックな思い出として挙げられやすいということです。

ホーラックとハヴリーナ[14]は、20代から70代までの62人の人にノスタルジア経験を書いてもらい、その内容からどのような感情が読み取れるかを分析しました。その結果ノスタルジア経験においては、センチメンタルな気持ちと愛情とあたたかさが、特に強く感じられていることが示されました。そしてこれらの感情が、人や物との結びつきと深く関係していることも明らかになりました。怒りや恐怖のような否定的な感情もありましたが、それらの程度は概して低いということが示されています。

そこで、以下では次の二点に絞って、個人的ノスタルジアと歴史的ノスタルジアを比較していきます。一つは、否定的感情です。現代のノスタルジアはもはや否定的感情とは無縁だと言ってしまってよいのでしょうか。改めてこの点を確認する必要がありそうです。もう一つは、あたたかさの問題です。ホーラックとハヴリーナの研究では、あたたかさは他者との関係を基盤とする感情であることが示されていますが、あたたかさには社会的感情以外の側面はないのでしょうか。自分自身と誰かとの交流がなくてもあたたかさを感じるということはないのでしょうか。この点についても考えてみる必要がありそうです。

想起のきっかけとしての否定的感情

これまでのノスタルジア研究では、私たちが日常生活の中で過去を思い出すきっかけに関していくつかの調査が行われています。きっかけと言ってもさまざまです。それ自体がノスタルジックであり、それに関連する過去の記憶を呼び起こす場合もあれば、それ自体はノスタルジックではないけれどもノスタルジックなものの想起を促すという場合もあります。

日本の大学生を対象とした近年の調査研究[28]では、なつかしさを生じる手がかりとして、かつて慣れ親しんだ事物を再び見聞きすることが挙げられています（第1章参照）。小学校の風景や昔の友達、古いＣＭの映像などが手がかりとなって、過去の事象が思い出されるということです。

しかし私たちは、過去に自分が慣れ親しんだものを見たり聞いたりしなくても、自分自身の状態がきっかけとなって過去を振り返ることがあります。イギリスの大学生を対象とした調査研究では、誰かと昔の話をすることや、においや音楽なども個人的ノスタルジアのきっかけとなることが示されましたが、一番多かったのは否定的感情でした。孤独や悲しみを感じるときに過去に思いを馳せるという人が、全体の38％を占めていました。否定的な感情状態のときに自分自身の過去を振り返りやすいというのは、もともとのノスタルジアの意味に通じるように思えます。

では、歴史的ノスタルジアについてはどうでしょうか。孤独になったときや、悲しい思いをしたときに、自分が生まれる前の時代を振り返るでしょうか。そういうことはあまりなさそうです。両者は論理的にもつながっていません。実際に調べてみないと確かなことはいえませんが、寂しいときや辛いときより、むしろ心に少しゆとりのあるときに、生まれる前の時代に思いを馳せることが多いのではないでしょうか。

ノスタルジア経験におけるあたたかさ

ノスタルジアの構成要素としてのあたたかさについてはどのようなことがいえるでしょうか。あたたかさは、他者との交流や他者への思いから生じた場合は、社会的感情と考えられます。しかしそれは、個人的ノスタルジアに関するものです。歴史的ノスタルジアの場合はどうなのでしょう。

何かの物語を読んだり映像を見たりして、登場人物に共感してあたたかいと感じるのであれば、自分と他者の交流に準ずると考えてよいかもしれません。たとえば、下町人情を描いたノスタルジックな映画やテレビドラマは、社会的感情としてのあたたかさを喚起するのではないでしょうか。

とはいうものの、歴史的ノスタルジアにおいては、自分自身が誰かと直接交流するのでありません。そのため、他者への思いが生じることがあっても、それは間接的な経験です。にもかかわらず、依然として何となくあたたかいと感じられるのはなぜでしょう。

ここで考えられるのは、感情以外の側面です。ノスタルジア研究の中には、過去の時代へのノスタルジアは美的な反応であり、感情を伴わないと指摘している研究[6,21]さえあります。歴史的ノスタルジアにおいて感情的なあたたかさが生じにくいことは、タルヴィングの記憶理論（第1章参照[46]）とも合致します。というのも、タルヴィングは、意味記憶よりエピソード記憶において感情が重要な役割を担っていると考えていたからです。

美学の分野では、「美的質」（あるいは「感性的質」）という言葉があります。この言葉は、知覚される対象に見出される美的な性質のことを意味しています。美的質に関するヘルメレン[11]の研究では、「あたたかさ」は、「明るさ」「冷たさ」「やわらかさ」などと同様に、自然の中に見出される性質とされています。そしてこれらの美的質は、芸術作品を評するときにも比喩的に用いられるということです。

私たちは、古めかしい民家を見たり、昔使われていた道具を眺めたりするときも、どことなくあたたかいと感じることがあります。古くからある喫茶店で木のぬくもりを感じたり、薄暗い店内を照らす電気の下で心地良さを感じたりするときも同様です。視覚的な刺激に限らず、チャルメラの音や鈍行列車が走りだす音等の聴覚的な刺激に対してなんとなくあたたかいと感じることもあります。私たちがこのような事物に対して感じるあたたかさは、美的質として説明できるものでしょう。

もっとも、個人的ノスタルジアにおいても、私たちは自分の過去を思い出し、半ば第三者的に鑑賞していると考えられます。だからこそ、スターンが論じているように、しばしば美化され、理想的になるのでしょう。追憶は、物語になると自ずから審美化すると指摘している研究[35]もあります。これらの研究をふまえると、美的質としてのあたたかさは、個人的ノスタルジアにも含まれているといえます。

したがって、次のように考えることができそうです。それは、個人的ノスタルジアにおけるあたたかさは社会的感情の側面と美的な性質の側面を併せもっており、歴史的ノスタルジアにおけるあたたかさは、主として美的な性質であるということです[30]。

ノスタルジアと自己のかかわり

自分の過去を振り返ることには、自己確認の意味があります。このことは以前から指摘されてきました。精神分析の分野では、人生の中でときどき過去を振り返ることは成長のリズムの中で生じる帰巣傾向であるとする論文[31]が、半世紀以上も前に書かれています。また、先に紹介したエピソード分析[47]では、自分自身を中心とした話が多かったという結果が示されています。

デーヴィスも、アイデンティティの概念と結びつけてノスタルジアを捉えていました。デーヴィスによると、人は、私的な場合であれ集合的な場合であれ、アイデンティティの連続性が脅かされると、ノスタルジア

カメのノスタルジア

を感じやすいということです。人生の節目や、社会の大きな転換期などがこれに該当します。

20歳から90歳までの人びとを対象として、物にまつわる思い出話を集めた研究[16]では、思い出の主なテーマとして、人生の節目、友情、愛情などが読み取られています。そして、両親、祖父母、子ども、配偶者、重要な他者といった人たちと自分との関係が、ノスタルジックな感情の生起に大きな影響を及ぼしていることが示されています。回答例の一つとして、病気のとき祖母が出してくれたチキンスープの思い出が挙げられていますが、この思い出では、スープの味もさることながら、祖母の存在および祖母との関係が大きな意味をもっています。

これに対して、歴史的ノスタルジアにおいては、思い描かれた場面に自分はいません。他者との関係という点でも、個人的ノスタルジアとは違います。自分自身は、その場面にいる人びととは切り離されていると考えられます。このことは、異文化の過去に対するノスタルジアを思い起こしてみると、より明白になります。

前述のように、海外のノスタルジックな文芸作品や飲食店が日本でもヒットすることがありますが、多くの日本の消費者にとって、そうした作品や店と自分自身は結びつきにくいと思われます。

以前，「歴史的ノスタルジアにおいては，飽きるという現象が起こるのではないか」という質問を受けたことがありますが，これも自己とのかかわりの観点から説明できるかもしれません。生まれる前の時代を思い起こさせるものを経験しすぎると，食傷気味になるということはありそうです。それは，ノスタルジックな対象を第三者的な視点から鑑賞しているからではないでしょうか。これに対して，自分の幼少期や青年期を思い出す人は，思い出し過ぎても飽きることはないでしょう。

それでは，歴史的ノスタルジアは自分との関係がまったくないのでしょうか。ここで，デーヴィスが論じている「アイデンティティ」を，自分自身の生活様式や生活環境に置き換えてみると，両者の関係が見えてきます。

時代の先端を行くような商品や流行品は，数年も経つと随分古いものに感じられますが，これは，デーヴィスの言う節目や転換期の考え方で説明できるかもしれません。目まぐるしく変化するものごとは，自分が取り入れている生活様式の連続性を脅かしやすく，ノスタルジアを喚起しやすいのではないでしょうか。

谷崎潤一郎の『陰翳礼讃』[44]に，扇風機は音も形も未だに日本座敷とは調和しにくいと書かれている箇所があります。昭和初期に書かれた作品ですから，扇風機自体はすでに珍しいものではなくなっていたと考えられます。しかし，昔ながらの日本家屋を好む谷崎潤一郎にとっては連続性を脅かすものであり，美意識に馴染まなかったのでしょう。

ところが，エアコンに馴染んでしまった現代の私たちから見るとどうでしょう。扇風機は，畳の部屋によく似合っており，のどかでノスタルジックな物に思えるのではないでしょうか。ここにまた，新たな節目が生じていると考えることができます。

4 消費者が感じるノスタルジア

個人的ノスタルジアの根底にあるもの

前節では、歴史的ノスタルジアとの比較によって、個人的ノスタルジア、すなわち、なつかしさの特徴を見てきました。両者は似て非なる心理的な反応です。主な違いとして、次の点が挙げられます。

・孤独感や悲しみは個人的ノスタルジアのきっかけとなり得るが、歴史的ノスタルジアのきっかけとはなりにくい。
・個人的ノスタルジアにおいては自分と他者の関係が重要な役割を果たしていることが多く、社会的感情としてのあたたかさが直接経験される。一方、歴史的ノスタルジアにおいては、他者との関係は無いか、間接的に存在するかのどちらかである。したがって、社会的感情としてのあたたかさも、感じられないか、間接的に感じられるかのどちらかである。
・個人的ノスタルジアは自己のアイデンティティの連続性が脅かされたときに喚起されやすいが、歴史的ノスタルジアにおいては自己の連続性は想定できない。ただし、歴史的ノスタルジアは、自分が取り入れている生活様式の連続性が脅かされたときに喚起されやすい。

以上のことから、〝個人的ノスタルジアにあって歴史的ノスタルジアにないもの〟とは、過去から現在へとつながっている自己の存在および自己と他者の関係ということになります。つまり、消費者のなつかしさとは、自分自身の過去経験や、自分と他者の関係が基盤にある過去経験に対して生じる肯定的な認知および感情と言うことができます。

ここで改めて、過去と現在の連続性の問題が浮かび上がってきました。個人的ノスタルジアに関する理解を深めるためには、連続性の問題を掘り下げてみる必要がありそうです。

連続の中の急激な変化

デーヴィスの考え方をふまえると、自分自身や自分の生活様式が不連続の状態を生じると、個人的ノスタルジアや歴史的ノスタルジアが喚起されやすいといえます。後の研究では、これは「不連続性仮説」(discontinuity hypothesis) と呼ばれ、この仮説を検証するための調査や実験が行われています[3][39]。しかし、不連続性がノスタルジア喚起に影響を及ぼすということは、未だに充分明らかにされていません。不連続性仮説とは異なる結果が示されることもあります。

デーヴィス自身も、前述のように、歴史的に遠く隔たっているような不連続な過去に対しては、ノスタルジアは喚起されないと指摘しています。そうであれば、ノスタルジアを感じるためには、不連続性ではなく、むしろ連続性が必要ということになりそうです。

ノスタルジア傾向の強い22～40歳の消費者を対象とした調査研究[9]では、自分が生まれる10～15年前ぐらいに焦点が当てられています。その程度の過去であれば、直接見聞きしていなくても、生活様式が連続していることが多く、イメージを形成しやすいのかもしれません。

1950年代のアメリカを思わせるダイナーが日本で受け入れられるのも、当時の生活様式に、現在の私たちの生活様式に続いていく側面があるからではないでしょうか。

ノスタルジアを感じるためには、〝不連続〟ではなく、おそらく〝連続の中の急激な変化〟が必要なのでしょう。大枠では連続しているものの、詳細な部分では、わずかな年数のうちに大きな変化が生じたとき、最もノスタルジアが喚起されやすいのではないでしょうか。この考え方は、自分自身の成長段階にも、進歩していく生活様式にも、当てはめることができます。

個人的であれ、歴史的であれ、変化がなければノスタルジアは感じられません。かといって、がらりと変わってしまっても、ノスタルジアは感じられません。異質なものへと変化したとき、過去は不連続なものとなり、私たちは新しい自分を発見したり、新しい時代の到来を意識したりするのではないでしょうか。

「初めてなのになつかしい」という感じ方

旅行雑誌やテレビの紀行番組などで、「初めてなのになつかしい」という言葉を見聞きすることがあります。この表現は、論理的には矛盾しているのに、ごく普通に使われているようです。

初めてなのになつかしいとは、どういうことなのでしょうか。自分が直接経験していないのにノスタルジアを感じるのなら歴史的ノスタルジアになるはずなのに、個人的ノスタルジアに近いものを感じているわけです。この章の最後に、応用問題としてこの現象について考えてみようと思います。

「初めてなのになつかしい」は学術的な用語とはいえませんが、これに近い言葉として、「デジャビュ」（既視感）があります（第１章参照）。デジャビュとは、初めて経験する物事に対して、過去に経験したことがあるという主観的な印象をもつことを意味します[26][27][34]。近年の研究では、視覚に限らず、多感覚的な経験であることが確認されています[36]。またデジャビュには、驚きや不安を伴いやすいという性質があることも明らかにされています[5]。

デジャビュは特殊な現象のように思えるかもしれませんが、実際には多くの調査報告が出されています。人生の中で少なくとも一回はデジャビュを経験したことのある人の割合は、一般成人や大学生を対象としたさまざまな調査結果を集計すると、平均68％になるということです[4]。日本の大学生を対象とした調査研究[26]でも、72％という値が出ています。

デジャビュという現象の存在は古くから知られていましたが、用語が確立されたのは、記憶の研究が盛んになった19世紀末頃と言われています[2][5]。当初は、「誤った記憶」「誤った認知」等と呼ばれたり、「準健忘症」に含まれたりしており、「記憶の機能障害」とみなされていたということです。前述の通り、「ノスタルジア」という言葉はもともと病気を意味していましたが、「デジャビュ」もまた、精神病理学的な視点から捉えられていたのです。

では、記憶の側面からデジャビュの現象を捉えると、どのように説明できるでしょうか。長期的な記憶の中で典型的な光景ができあがっているとき、それと類似している光景を見ると生じる現象として説明している研究[27]がありますが、他にも説明が試みられています。

ブラウン[4][5]は、これまでのデジャビュ研究を整理し、いくつかの考え方を紹介しています。たとえば、ゼロ歳から三、四歳頃までに経験したことがらは、記憶として意識に上ってくることは困難ですが（「幼児期健忘」といいます）、それを再び経験したときデジャビュ現象を生じるということです。かつて本で読んだりテレビや映画で見たりした場面を後で実際に経験したとき、自分がいつどこで見聞きしたかを覚えていないと、デジャビュが生じるという考え方もあります。

またブラウン[4][5]によれば、現在経験している場面の一部分が過去に経験したものと同様であるとき、よく知っているという感じが生じ、その感じを現在の場面全体に当てはめてしまうこともあるということです。ブラウン[5]は、例として、初めて訪れた友人の家に、叔母の家で見た振り子時計と同じ時計があると、そのこと自体は

図 3-3　初めてなのになつかしい？（東京都谷中にて・2012 年 11 月筆者撮影）

意識にのぼらず、以前来たことがあると感じるという現象を挙げています。

「初めてなのになつかしい」と感じる場合も、こうした長期にわたる記憶が関係しているのでしょう。自分が思い描いている典型的な光景と類似していると感じたり、実際に自分が昔経験したわけではないのに、自分が過去に見聞きしたもののごとと同じような部分があったりすると、「初めてなのになつかしい」と思えてくるのではないでしょうか。

図 3-3 の商店街はどうでしょうか。感じ方には個人差があるので一概にはいえませんが、初めてなのになんとなくなつかしいと感じる人もいるのではないでしょうか。ところが、「初めてなのになつかしい」という感じ方は、デジャビュのような驚きや不安ではなく、安心感や親しみを伴っていると考えられます。初めての風景を見て、何が安心なのでしょう？　この問題を考えるときポイントとなるのは、自己の存在です。デジャビュ経験においては、第三者的に眺める視点から場面が描写されることが多いため、自己と場面の関係は不明瞭です。一方、「初めてなのになつかしい」というのは、その場所に自分が馴染んでいるという感じ方を指していると思われます。**図 3-3** の商店街に関していえば、仮に

自分がそこにいたとしても違和感がないとか、その辺の店先で商品を眺めている自分を想像できるとか、そういう場合を指すのではないでしょうか。

もう一つ例を挙げてみようと思います。読売新聞の日曜版「心の風景」（２０１２年３月４日付一面「旅順　父のスケッチにあこがれ」）に掲載された中国の旅順に関するエピソードです。冒頭に、「住んだこともなく、訪れたこともない場所を、なぜ懐かしく感じるのだろうか」とあります。

この紙面には、毎週、各界の著名人が自身の「心の風景」を写真と文章で紹介し、思い出を綴っていました（このシリーズは２０１２年３月25日に終了しています）。旅順を挙げているのは元アナウンサーの下重《しもじゅう》暁子《あきこ》さんですが、下重さんはずっと旅順を訪れたことがなく、最近になって初めて行く機会を得たということです。しかし下重さんにとって旅順は、もともと画家志望だったお父様が軍人となって赴任した地ということです。そしてお父様が描いたたくさんのスケッチからイメージができあがっていたそうです。つまり、頭の中で慣れ親しんでいた光景だったのです。

下重さんのエピソードから示唆されるのは、自分自身が直接経験していない過去であっても、自分の人生が深くかかわっている場合は、個人的ノスタルジアにかなり近い感じ方が生じるということです。

今後のノスタルジア研究

この章では、個人的ノスタルジアとしてのなつかしさに焦点を当て、消費者のノスタルジアの本質を探りました。そして、個人的ノスタルジアにおいては自己の存在や自己と他者との関係が重要であるという結論に至りました。また、個人的ノスタルジアと歴史的ノスタルジアの両方において、過去と現在の連続性が重要な役割を果たしていると論じました。しかしこれでノスタルジアの問題がすっかり明らかにされたというわけではありません。ここから新たな研究課題が浮かび上がってきます。

個人的ノスタルジアについては、発生のメカニズムに関する研究課題が挙げられます。一般に、非常に幼い頃は個人的ななつかしさを感じないと思われますが、それはなぜでしょう。発達心理学の分野では、幼児は、2、3歳になると過去の出来事を語れるようになることが確認されていますが、この段階では、まだ自分の人生を振り返ることはできません[33][40]。

自己概念の形成は、エピソード記憶の発達と関係があると指摘されています。エピソード記憶は、4歳ぐらいになり、過去から現在へと続く時間軸上に自分を位置づけられるようになって初めて可能になるということです[20][40]。しかし、時間軸上で自分を捉えられるようになっただけでは、あたたかさを感じることを説明できません。

時間的なつながりをもつ自己概念の形成は、他者の心を理解する能力と関係があると考えられており[24]、この能力も4歳頃に現れると言われています。脳研究の分野でも、4歳頃から成熟していく脳部位と、他者との共感能力の関連性が指摘されています[37]。過去の出来事に対して、社会的感情としてのあたたかさを感じられるようになることは、この能力と関係があるかもしれません。

ところが美的感受性の発達に関する研究においては、絵画の主題について考えられるようになるのは主として小学生になってからということが確認されています[19]。小学生は、カラフルな花や見事な風景などを美しい題材として捉えやすいようですが、成長するにつれて、ノスタルジックなものにも魅力を感じるようになるということです[38]。このことをふまえると、4歳ぐらいの子どもにとって、過去を理想化したり、美的な性質としてのあたたかさを感じたりすることは、かなり難しいと思われます。個人的ノスタルジアの発生メカニズムを解明するためには、こうした能力の発達も視野に入れて、さらに検討していく必要がありそうです。

歴史的ノスタルジアについては、これまで言われてきたようなマスメディアの影響力だけでなく、商品や商店が育む連続性というものについても考える必要があるでしょう。

たとえば、〝森永のキャラメルが発売された年〟あるいは〝サッポロビールの前身が銀座にビヤホールを開店した年〟などと言われれば、自ずとその時代に思いを馳せてしまうのではないでしょうか。ただし、古くからある商品や老舗であれば何でもノスタルジアを喚起するというものではありません。そうした商品や商店のどのような性質が連続性を意識させるのかについて、研究をする必要があると思われます。

また本章では、なつかしさとは何かを明らかにするために、〝個人的ノスタルジアにあって歴史的ノスタルジアにないもの〟を探しましたが、消費者のノスタルジア全般に関する理解を深めるためには、両者の共通点を解明することが重要と思われます。

イメージの生成しやすさやストーリー性などはどうでしょうか。歴史的ノスタルジアは、年表のようなものをただ眺めているだけではなかなか喚起されません。(18) しかし、その時代をイメージできたり、その時代に生じたことがらを物語のように捉えることができたりすれば、年表を見ただけでもノスタルジアを感じるかもしれません。一方、個人的ノスタルジアを喚起するものごとは、実際に経験しているのですから、概してイメージしやすく、ストーリー性があるのではないでしょうか。

このように、ノスタルジアの問題に関しては、これから明らかにすべき点が多々あります。消費者のノスタルジア研究は発展途上の段階にあり、まだまだノスタルジックなものになりそうにありません。

第4章 なつかしいものはどのように記憶に残るか

1 はじめに

なつかしいという感情が、どのように人びとの記憶に残り、気持ちや行動に影響を及ぼすのでしょうか。心理学と消費者行動研究では、ホルブルックとシンドラー⑶を始めとして、この疑問を心理学的見地で解き明かし、「あぁ、この商品、何だかなつかしいな」→「この商品を買いたい！」という風に、なつかしいという感情を利用して購買欲を高めようという動きがあります。

日常生活において、ある商品名をみて、得も言われぬなつかしさを覚えた経験は誰しもあるのではないでしょうか。それは、部活帰りによく飲んでいた飲料水の名前であったり、通学路に立っていた看板に書かれた商品名だったりするかもしれません。あるいは、子ども時代に母親が使っていたカレールーの名前であったり、よく流れていたTVコマーシャルの商品名であったりするでしょう。こういった場合、商品名そのものではなく、それらと接した時代背景へのなつかしさ（部活を頑張っていた学生時代、無邪気に遊んだ子ども時代など）が大きく関わっているのはうなずける話です。つまり、以前何度も見たり聞いたりした商品名に、しばらく経ってから遭遇したとき、商品名とひっくるめた以前の思い出がよみがえり、なつかしく感じるのです。このように、なつかしいという感情を得るためには、①以前に何度も触れていること、②しばらく経ってから再び遭遇することという二つの要因が必要なのですが、長い年月をかけ自然に育まれる商品名へのなつかしさを、短時間で人為的に植え付けることができないだろうか？ というところに着目したのが心理学と消費者行動研究です。心理学と消費者行動研究では、ＣＭで商品名を一度見ただけで、その後すぐに、得も言われぬなつかしさをその商品名に対して感じるという現象を起こすことを目的とした研究が行われています。そこで、本章では、まず、①なつかしさを利用した広告について大規模な調査を行った研究を紹介し、②なつかしさを商品名に伝染させようという目的で行われた研究を紹介した上で、③伝染したなつかしさがどのように記憶に残るかについて検討した研究を紹介します。そして最後に④広告業界以外で、どのようになつかしさが利用できるかについて提案します。

2　なつかしさを利用した広告

なつかしさと広告に関する研究の中に、アメリカで放映されているすべてのＴＶコマーシャルについて、どの程度なつかしさが用いられているのかについて検討したものがあります[10]。その結果、合計１０３１の広告が存在したのですが、そのうち約10％の広告がなつかしさを喚起させるものであることがわかりました。次に、なつかしさを喚起させる広告の内容について検討したところ、子ども時代を彷彿させるような家族や友達との出来事であったり、子ども時代に流行っていた音楽や映像であったりしました。実際に自分の子ども時代の映像ではないにもかかわらず、子ども時代を彷彿させるというのは、不思議な話です。ＴＶコマーシャルが流れていたアメリカで、家族や友達との出来事（クリスマス、運動会、夏祭りなど）がある程度共通するという前提がなければ不可能なことですね。たとえば、日本の小学校ではお揃いの体操服を着て体育祭に参加し、グループが一丸となってリレーや団体競技に臨んだり、事前に何度も練習を重ねたダンスや組体操を披露したりするというのが一般的な話ですが、アメリカにはこういった類の体育祭がありません。したがって、アメリカで日本の小学校の体育祭の様子を流したとしてもなつかしさは感じられないでしょう。さらに、なつかしさを喚起させる広告の内容について検討したところ、なつかしさを喚起させる広告は、食品や飲料に対して多く用いられており、逆に化粧品や家庭用洗剤に対しては用いられていないことが明らかになりました。日本でも「おふくろの味」という言葉が存在することが示す通り、概して食べ物にはなつかしさを求める傾向があるようです。食べ物や飲み物に対して新奇性や奇抜性を求めすぎては、その新しい食べ物は実は毒である可能性もあるし食べることによって命取りになるかもしれないといった進化的な学習によって、食べ物や飲み物に対してある程度保守的になっているのかもしれません。一方、化粧品や洗剤に対しては、より最新で効果のある商品が求められており、なつかしいもの＝古くて効果が少ないと考えられるという背景から、なつかしさを喚起させる広告は使われないのかもしれません。

3　なつかしさは伝染するか

なつかしさを喚起させる広告を呈示することで、そのなつかしさが商品に伝染することを示した実験があります。[7] 具体的には、コダック会社のカメラフィルムの広告写真を、なつかしさを喚起するキャッチフレーズ（「あの一瞬をもう一度」）、もしくはなつかしさを喚起しないキャッチフレーズ（「一瞬をおさめよう」）と共に呈示しました。広告写真とキャッチフレーズが呈示されている間、呈示されている広告写真に対して思い浮かんだことを自由に記述してもらい、後に2人の判定者によって、それらの記述がなつかしさに関係するものか否かを判定しました（なつかしさに関係する記述の例として「子どもの頃をなつかしく思う」「忘れがたいあの日々を思い出した」など）。その結果、なつかしさを喚起するキャッチフレーズと共に広告写真が呈示された場合は、そうでない場合と比較して、なつかしさに関係する記述が多い結果となりました。つまり、元々はなつかしさを感じない商品が、なつかしさを喚起するキャッチフレーズとともに呈示されることにより、なつかしく感じるようになるのです。彼らは、なつかしさを喚起するキャッチフレーズとともに広告写真が呈示された場合には、「あの頃にはもう戻れないと思った」「今を抜けだしてあの頃に帰りたい」などのネガティブな感情も起こることを明らかにしました。「もう一度あの頃の気持ちを味わってみよう」というポジティブなワクワクした気持ちからなつかしさを感じる商品を購買することもあるかもしれないし、「もう戻ることのできないあの頃にほんの少しでも近づきたい」という今の状態からの逃避に近いネガティブな気持ちから商品を購買することもあるのでしょう。いずれにせよ、商品名がなつかしい広告と共に呈示されている間は、なつかしい気持ちが商品名にまで伝染し、人はその商品名に対してなつかしさを感じるようになることが実験で示されました。

4　植え付けられたなつかしさがどのように記憶に残るか

実験の概要

ところで、実際に商品を買うとき、広告の写真が商品に貼り付けられていたり、商品が陳列されているコーナーにその広告のポスターが貼られていたりCMが流れていたりするなどといった方法で、その商品が広告とともに呈示されていることは稀です。したがって、商品が広告と切り離されている状態でも、商品名に対してのみなつかしさが残る必要があります。では、人はそもそもどの程度商品名と広告とを結びつけて覚えているのでしょうか。また、人為的に短時間で植え付けられたなつかしさは後々まで残るのでしょうか。そこで、①どの程度商品名がどの広告で呈示されたかということを覚えているか、②人為的に植え付けられたなつかしさがどのように記憶に残るかということについて検討した、杉森ら[8]の研究を紹介します。ちなみに、ある情報について、その情報源（情報のソース）に関する記憶（「誰が言っていたのか」「新聞で読んだのか、テレビで見たのか」）のことをソース記憶といい、ソース記憶を判断（ソース判断）する認知過程のことをソース・モニタリングといいます。したがって、この場合、商品名一つひとつがどの広告と共に呈示されたのかと記憶判断することをソース・モニタリングと呼びます。

杉森ら[8]は、なつかしさを喚起する広告として、実験1では画像の色（なつかしさを喚起する色：セピア／なつかしさを喚起しない色：カラー）を、実験2では画像の風景（なつかしさを喚起する風景：校舎、なつかしさを喚起しない風景：高層ビル）を、実験3では音楽（なつかしさを喚起する音楽：校歌、なつかしさを喚起しない音楽：ヘビメタル）を操作し使用しました。また、なつかしさを植え付ける対象として、松田ら[6]が作成したレトルトカレーの仮想商品名（南国カレー、パワーカレー、カレー王国など）を使用しました。用いた広告や商品名の例は**図4-1**（**口絵**参照）に示す通りです。

松田ら[6]は、食品や飲料水の商品名は、他の日用品（歯磨き粉、洗剤）の商品名と比較して、なつかしさを喚起する広告と共に呈示することで好感度が上がることを示しています（第5章参照）。やはり、食品や飲料水になつかしさを求めているのでしょう。また、食品の中でもカレーライスは、日本人にとって子ども時代から食べてきたなじみのある食品で、30年前も現在も変わらず「子どもの好きなおかず」のベスト3の一つに選ばれるぐらいです。このように、普遍的に子どもから愛される食品に対して、なつかしさを喚起する広告を用いることがどの程度有用であるか調べることを目的としています。そこで、レトルトカレーの商品名を、なつかしさを喚起する広告かなつかしさを喚起しない広告のどちらかと共に呈示し、少し経ったあとに、広告が共に呈示されていない状態で、各商品名がどの広告と対呈示されたかというソース・モニタリングと、各商品名についてのなつかしさ評定を行いました。

実験の方法

具体的には、実験は実験1から実験3までであり、すべて大学生を対象に（実験1：24名、実験2：30名、実験3：28名）行われました。三つの実験は、商品名と共に呈示される広告の種類が異なるだけで、すべて同様の手順で行われました。広告の色を操作した実験1を例として、実験の手順を**図4-2**（**口絵**参照）に示します。

実験は、学習段階と評定段階の2段階に分けて行いました。

まず学習段階では、レトルトカレーの商品名を一つずつ10秒間、呈示しました。合計24項目の商品名を呈示しましたが、そのうち12項目はなつかしさを喚起する広告と共に呈示し、残りの12項目はなつかしさを喚起しない広告と共に呈示しました。広告と商品名を共に呈示している10秒間、実験者が他の事を考えたり注意をそらしたりしてはいけません。そのため、実験参加者に集中して商品名を見てもらうことを目的として「じっくりと商品名と背景の画像を見てください。そして、どの程度商品名と背景の画像（実験3では流れている音楽）が合っているかを5段階で評定してください」と教示しました（一致度評定）。このように、参加者に注意を向けさせる課題のことを方向付け課題と呼びます。したがって、この実験の場合は、一致度評定を方向付け課題として行ったことになります。

学習段階の後、学習段階の出来事について少し忘れてもらう、もしくは記憶を落ち着かせるために、15分間パズルを解く課題を行いました。このような目的で行われる、実験そのものとはまったく関係のない内容の課題をフィラー課題と言います。パズル課題をフィラー課題として行ったあと、評定段階に移りました。評定段階では、学習段階で呈示した24項目の商品名に新たな12項目を加え、なつかしさ評定と記憶判断を行いました。具体的には、ランダムな順序で商品名を1項目ずつ呈示し、まずはその商品名に対して「どの程度なつかしく感じるか」を5段階評定（1：まったくなつかしくない、2：あまりなつかしくない、3：どちらともいえない、4：少しなつかしい、5：とてもなつかしい）でたずねました（なつかしさ評定）。その後、学習段階で同時に呈示されていた広告について、実験1では「カラー画像と共に呈示されたか、セピア画像と共に呈示されたか、もしくは未呈示だったか」、実験2では「校舎と共に呈示されたか、高層ビルと共に呈示されたか、もしくは未呈示だったか」、実験3では「校歌と共に呈示されたか、ヘビメタルと共に呈示されたか、もしくは未呈示だったか」の3択でたずねました（ソース・モニタリング）。

実験の結果

ソース・モニタリング（商品名がどの広告と共に呈示されたか）の結果を**図4-3**～**図4-5**に示します。まず**図4-3**を例にとり、図の解釈の仕方を説明します。**図4-3**右側の三つの棒を見てみましょう。セピア画像と共に呈示された商品名のうち、平均46％の商品名が〝セピア〟画像と共に呈示されたと正確に判断されました。そして平均28％の商品名が誤って〝カラー〟画像と共に呈示されたと判断され、平均26％の商品名が誤って〝未呈示〟と判断されました。**図4-3**中央にある三つの棒からは、カラー画像と共に呈示された商品名のうち、平均61％の商品名が〝カラー〟画像と共に呈示されたと正確に判断され、平均10％の商品名が誤って〝セピア〟画像と共に呈示されたと判断され、平均29％の商品名が誤って〝未呈示〟と判断されました。つまり、学習段階においてカラー画像と共に呈示されたこと（62％）のほうが、セピア画像と共に呈示されたこと（46％）

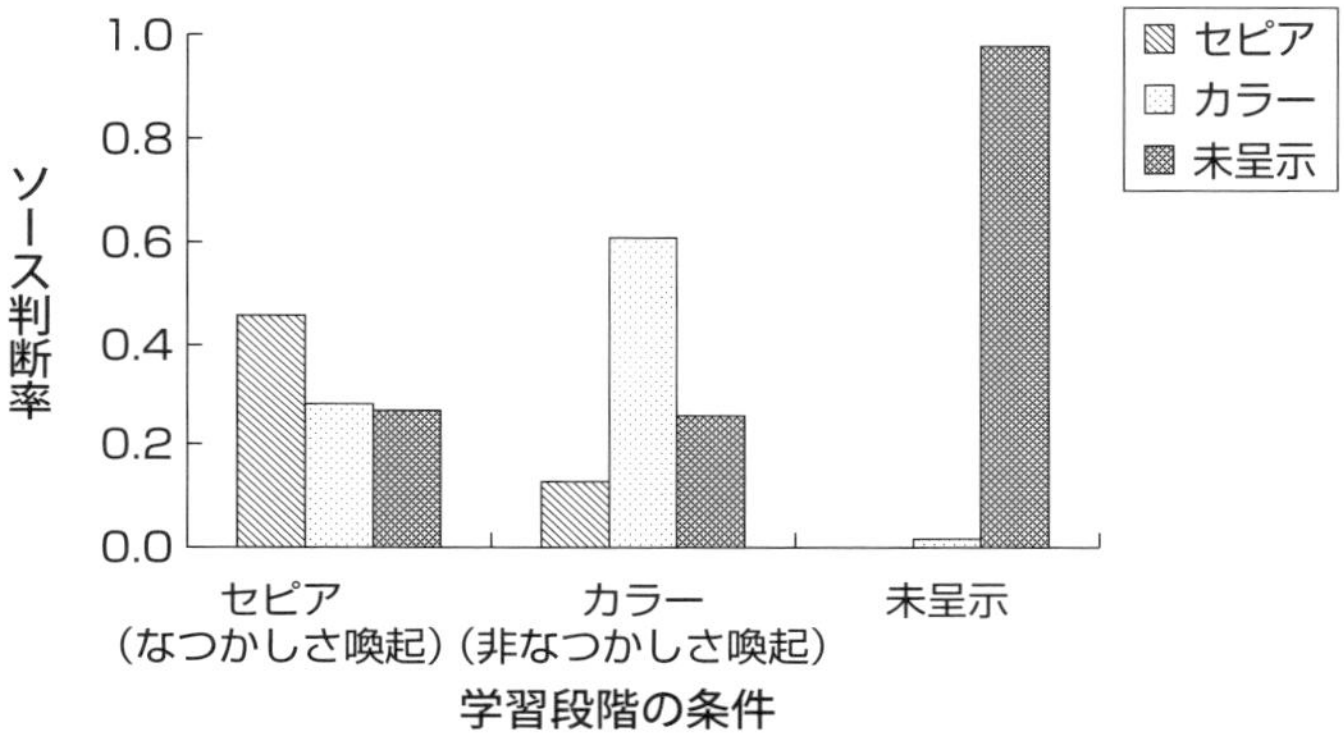

図 4-3　セピア-カラー画像のソースモニタリングの結果
（実験 1：Sugimori, Matsuda, & Kusumi 2011）

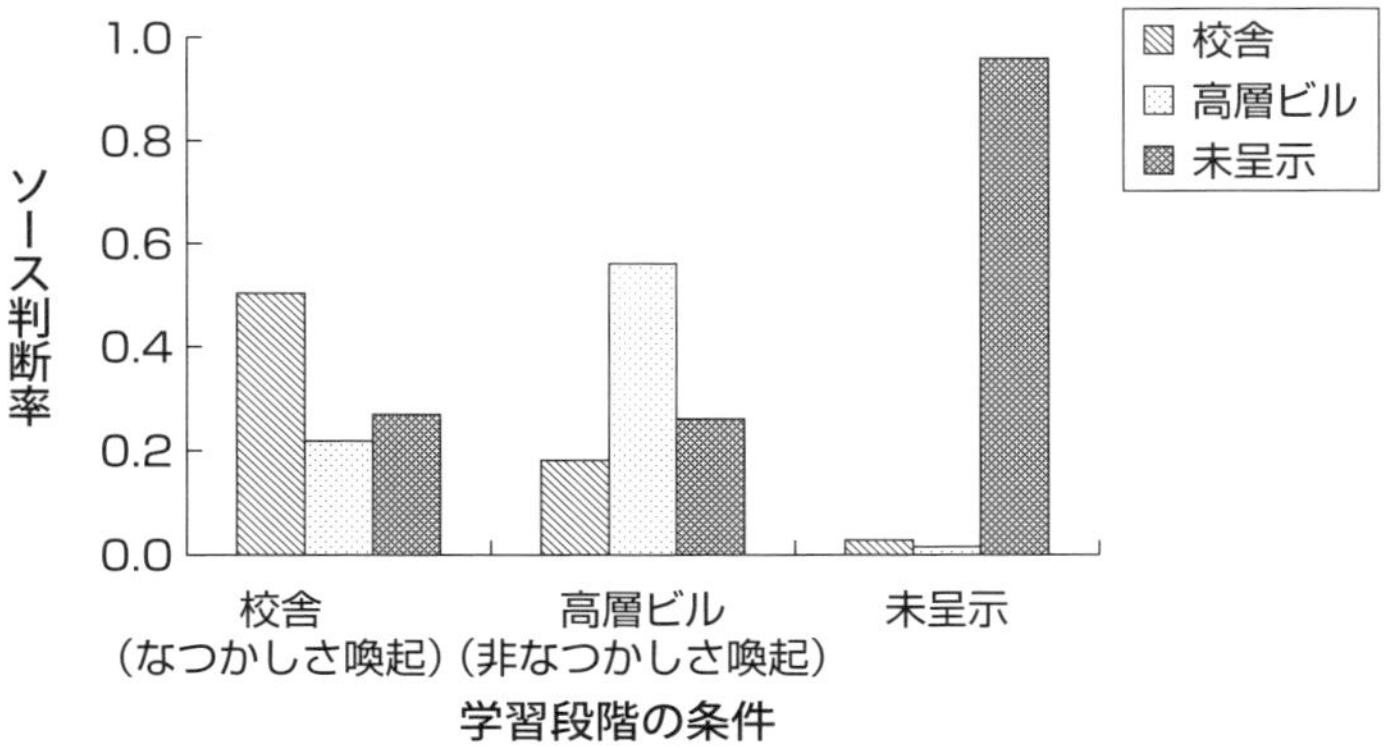

図 4-4　校舎-高層ビル画像のソースモニタリングの結果
（実験 2：Sugimori, Matsuda, & Kusumi 2011）

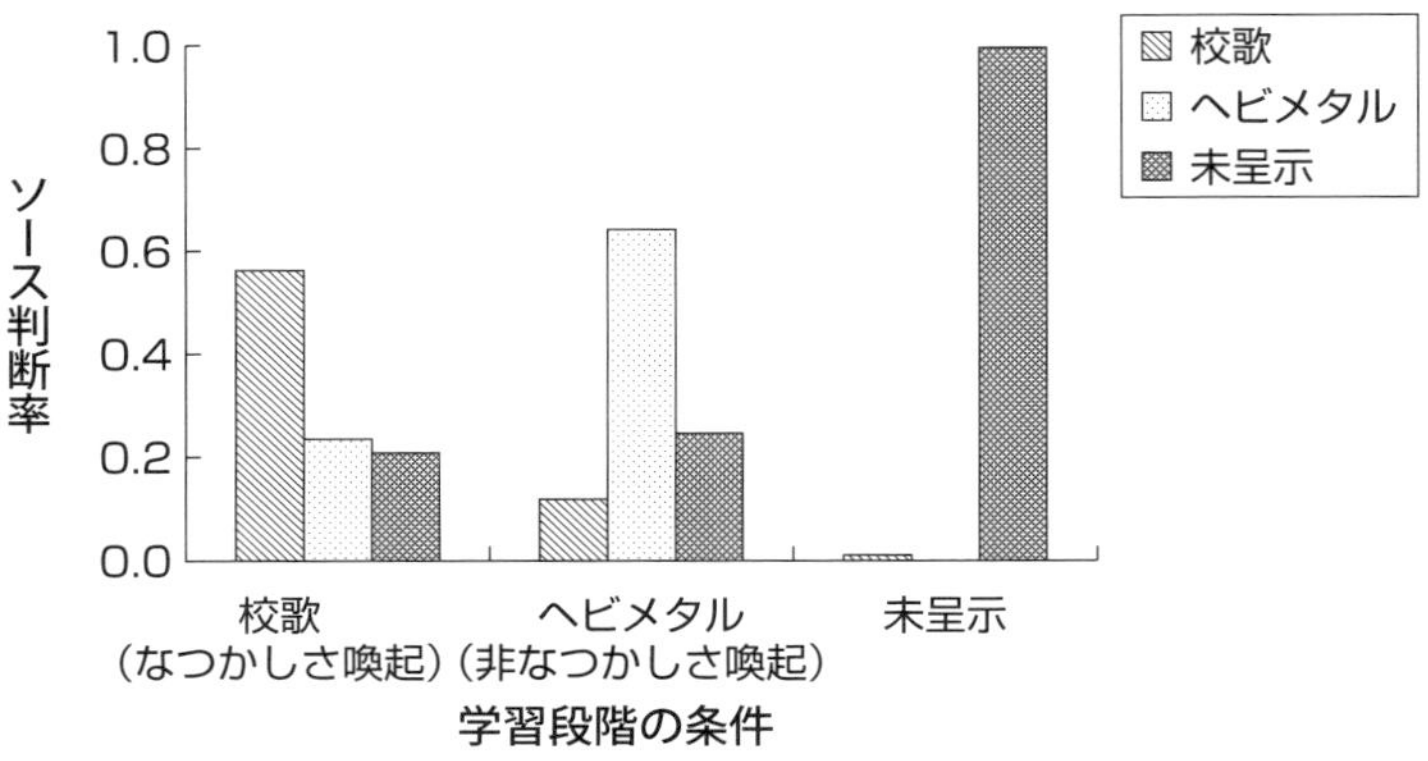

図４−５　校歌−ヘビーメタルのソースモニタリングの結果
（実験３：Sugimori, Matsuda, & Kusumi 2011）

よりもよく覚えていることが明らかになりました。実験２については、**図４-４**に示すとおり、学習段階において高層ビル画像と共に呈示された商品名のうち56％が〝高層ビル〟画像と共に呈示されたと正確に判断されており、一方で校舎画像と共に呈示された商品名はそれより低い50％が〝校舎〟画像と共に呈示されたと正確に判断されました。また、実験３でも同様に、**図４-５**に示すとおり、なつかしさを喚起させないヘビメタルと共に呈示された商品名のうち64％が〝ヘビメタル〟と共に呈示されたと正確に判断され、なつかしさを喚起させる校歌と共に呈示された商品名のうち56％が〝校歌〟と共に呈示されたと正確に判断されました。

つまり、なつかしさを喚起する広告と共に呈示された場合、その商品名が以前なつかしさを喚起する広告と共に呈示されたことは、なつかしさを喚起しない広告と対呈示された場合と比較して覚えていないことが明らかになりました。なぜなつかしさを喚起する広告と共に呈示されたことは、そうではない広告と共に呈示されたことよりも覚えていないのでしょうか。考えられる理由として二つ挙げることができます。一つ目は、カラー画像は白黒画像と比較して変化に富むことから「おっ！」と驚きや興奮に近い感情をもつことが明らかになっている点です[1]。白黒画像だけでなくセピア画像についても、カラー画像よりは色の変化が少なく、その分そういった感情が生まれにくいのかもしれません。音楽についても、中くらいの速さの音楽よりも速い音楽のほうが驚きや興奮に近い感情をもつことが明らかになっています。[2] そういった感情について校舎と高層ビルを比較した研究は今のところ存在しませんが、同様のことがいえるのではないでしょうか。つまり、なつかしさを喚起する広告は、そうではない広告と比較して、驚きや興奮といった感情はもちにくいのかもしれません。逆に言うと、なつかしさを喚起しない広告として使用した広告（カラー画像、高層ビル風景、ヘビメタル）は、すべてこういった「おっ！」という感情を抱きやすく、そのため覚えていたのかもしれません。

二つ目の原因として考えられるのは、広告と商品名とに抱く「感情の一致度」です。具体的には、学習時に方向付け課題として行った一致度評定（「どの程度商品名といっしょに映っている広告が合っているか」の5段階評定）の結果を検討してみたところ、実験1から実験3を通して、なつかしさを喚起する広告と商品名への一致度は（実験1――セピア：平均で三・四〇、実験2――校舎：三・四五、実験3――校歌：三・三三）、なつかしさを喚起しない広告と商品名への一致度（実験1――カラー：二・四八、実験2――高層ビル：二・三九、実験3ヘビメタル：二・三六）と比較して高い結果となっています。前述した通り、日本人にとってはカレーそのものが子ども時代を思い出すようななつかしさを喚起する食品であり、そのため、なつかしさを喚起広告と一致したのでしょう。逆に、なつかしさを喚起しない広告と共に呈示された場合は、違和感が残り、そのため「おや？」という違和感からなつかしさを喚起しない広告と共に呈示されたことが記憶に残ったのかもしれません。一つ目の「おっ！」という驚きや興奮に近い感情からか、二つ目の「おや？」という違和感からか、どちらかの理由でなつかしさを喚起しない広告と共に呈示されたことは記憶に残りやすいと解釈することができます。

次に、なつかしさ評定の結果を**図4-6**に示します。左側3本の棒は実験1、中央3本の棒は実験2、右側3本の棒は実験3の結果になっています。左側3本の棒は、左から順に、セピア画像と共に呈示された商品

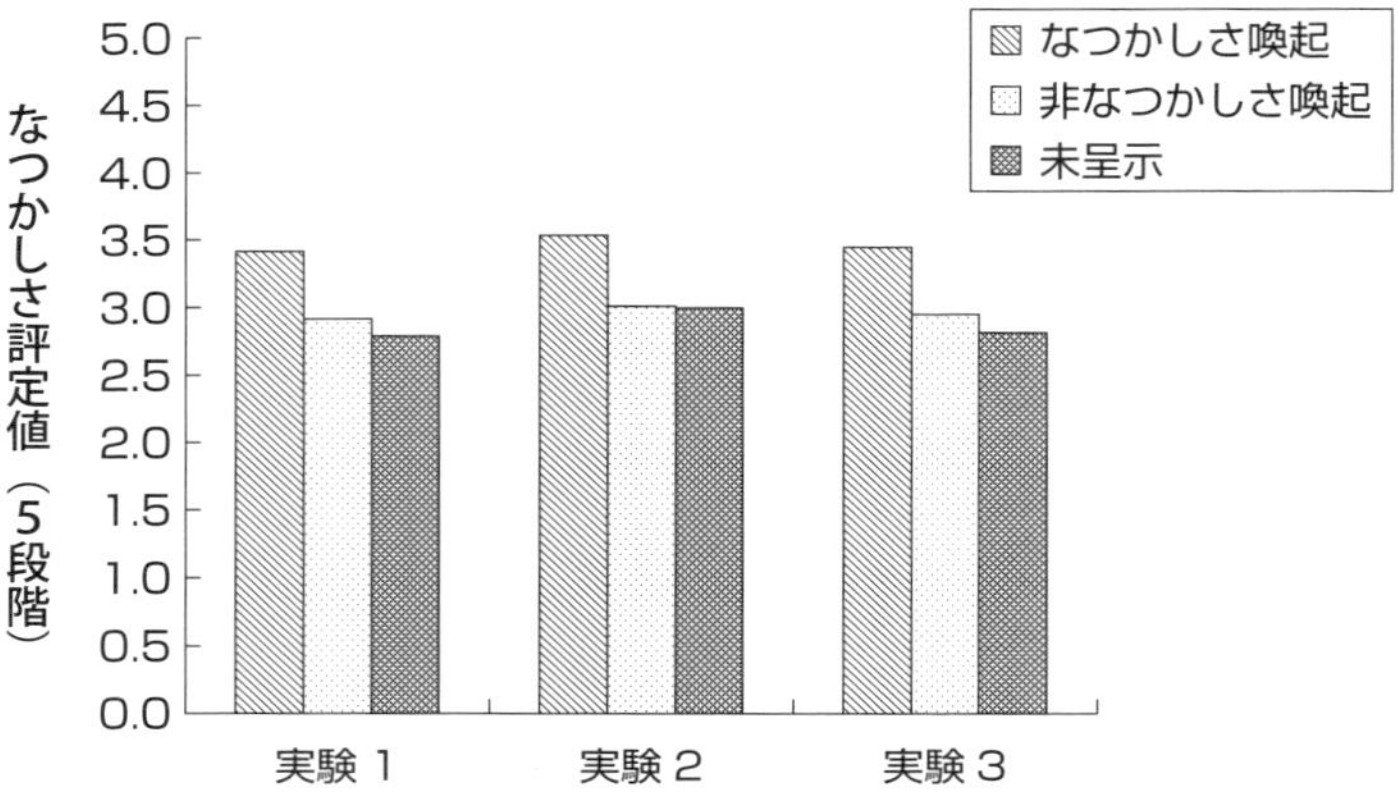

図4-6　なつかしさ評定の結果（Sugimori, Matsuda, & Kusumi 2011）

名、カラー画像と共に呈示された商品名、学習段階では未呈示の商品名のなつかしさ評定値になり（セピア：三・四二、カラー：二・九一、未呈示：二・八〇）、学習時にセピア画像と共に呈示された商品名は、他の条件の商品名と比較して、その後なつかしいと感じることが明らかになりました。中央3本の棒は、左から順に、校舎と共に呈示された商品名、高層ビルと共に呈示された商品名、学習段階では未呈示の商品名の懐かしさ評定になり（校舎：三・五三、高層ビル：三・〇五、未呈示：三・〇二）、学習時に校舎画像と共に呈示された商品名は、他の条件の商品名と比較して、その後なつかしいと感じることが明らかになりました。また右3本の棒は、左から順に、校歌と共に呈示された商品名、ヘビメタルと共に呈示された商品名、学習段階では未呈示の商品名の懐かしさ評定になり（校歌：三・四七、ヘビメタル：二・九四、未呈示：二・八二）、学習時に校歌と共に呈示された商品名は、他の条件の商品名と比較して、その後なつかしいと感じることが明らかになりました。実験1から実験3を通して、3種類の広告を用いて共通する結果が得られたことから、学習時になつかしさを喚起する広告と共に呈示された商品名は、なつかしさを喚起しない広告と共に呈示された商品名と比較して、よりなつかしく感じるということが強く主張できます。前述したとおり、商品名がなつかしさを喚起するキャッチフレーズと共に呈示されている間、その商品名に対してもなつかしさが喚起されることがわかっていますが[7]、杉森ら[8]はさらに、このように伝染したなつかしさは、その後なつかしさを喚起する広告と共に呈示されていない状態でも残ることを示しました。

つまり、なつかしさを喚起しやすい商品（この場合レトルトカレー）を限定とした杉森ら[8]の研究では、なつかしさを喚起する広告と商品名が共に呈示されたこと自体は覚えておくことができなくとも、商品名になつかしさが伝染したまま記憶として残ることが明らかになったのです。

5　広告業界以外へのなつかしさの利用

たとえば過去の出来事の中に、失恋、負け試合、親からの叱責などといったネガティブなものが含まれていたとしても、その出来事に対して抱くなつかしいという感情はネガティブではないはずです。むしろ、「あの頃はよかった」という過去に対するポジティブな感情が含まれていると考えられます（「それに比べて今は……」という今に対するネガティブな感情が含まれている場合もありますが）。なつかしいという感情を人に対して抱くことで、その人との関係を良好に保つことができるのではないでしょうか。たとえば、大人になってから小学校の同窓会に参加すると、各々がどのような関係だったか、その人とどのような思い出があるかについてはすっかり忘れているにもかかわらず、なつかしい感情を抱くことができます。同窓会に参加するときワクワクするのは、そういったなつかしい感情を同級生に対して抱くことができるからかもしれません。同窓会で散々同級生たちと楽しく盛り上がったあと、「あれ？　あの人って誰だっけ？」と思うこともあるかもしれません。小学校時代をなつかしいと思えた時点で、そのなつかしさは実はよくわからない同級生に対しても伝染するのです。この例は、小学時代から現在までしばらく時間が経過している中で自然に育まれたなつかしさですが、前述した実験のように短時間でなつかしさを植えつけることもできます。この短時間で植え付けられるなつかしさを用いることで、仕事現場におけるチームの結束力を高めることができるかもしれません。なつかしさの植え付け方としては、各々がなつかしい子ども時代の写真やビデオを持参し、その思い出話を共有するといった方法が利用できるでしょう。他には、良好な関係を築きたい者同士で、それぞれの小学校に訪れるという方法もあるでしょう。写真を見たり、思い出話をしたり、なつかしい場所に訪れることで蘇るなつかしさが、その場を共有している人びとへも伝染することが期待されます。そうすれば、その後、なつかしい時間を共有した事実は忘れたとしても、その人へのなつかしい感情が残るかもしれません。

6 なつかしいものはどのように記憶に残るか

本章で明らかにしたことは二つです。まず、一度なつかしいと感じたものについては、その後もなつかしさが記憶として残るということです。古くから、「好き」「嫌い」といった情動を喚起するものと共に「好き」も「嫌い」も感じないニュートラルなものを呈示すると、元々ニュートラルだったものにまで、その情動が伝染することが明らかになっています[11]（情動転移モデル：affect transfer model）。なつかしいという感情は、「好き」や「嫌い」では表わすことができません。過去のことを思い出すことによって蘇るほろ苦い気持ち、あの頃はよかったなぁと思う気持ち、あの頃にはもう戻れないという気持ち、あの頃があるからまた頑張れると思う気持ちなど、その対象は過去の自分と現在の自分の二者ということになり、大変複雑で入り組んだものです。このように複雑ななつかしいという感情も、「好き」「嫌い」といった情動と同様に、ニュートラルなものに伝染し、さらには記憶として残ることが明らかになりました。

二つ目は、なぜなつかしく感じるのかについての記憶（この場合は、なつかしい広告と共に呈示されたこと）は、正確に覚えていないときがあることを明らかにしました。このように、ソース・モニタリング（「どこから手に入れた情報か」「どのように手に入れた情報か」）が時間経過とともに不正確になる現象を生かした宣伝の作られ方がなされる場合があります。たとえば、ＴＶショッピングにおいて紹介される健康グッズは、病院で医者から紹介される健康グッズよりも信憑性は低いはずです。しかし、その信憑性の低さは、時間経過とともに重要でなくなるのです。つまり、どこから手に入れた情報かということを忘れてしまうのです。この現象は、ソース・モニタリングに関わる記憶が眠ってしまうというイメージで、スリーパー効果[4]（sleeper effect）と呼ばれています。ソース・モニタリングに関わる記憶が眠ってしまうというイメージで、スリーパー効果と呼ばれています。広告を作成するときは、その広告をより記憶に残るものにしようと奇抜性を狙うのではなく、商品に対して好感をもつ広告にすることを目的にしたほうがいいといえます。

　最後になつかしさ記憶研究の今後の展望について述べます。なつかしさを喚起する広告として用いた、セピア色の画像、校舎の画像、校歌は、すべて実際は実験参加者にとって初めて触れるものでした。それにもかかわらず、なぜ懐かしさを感じたのでしょう。校舎画像と校歌のなつかしさにはデジャビュ（既視感）が関わると考えられます。デジャビュとは、実際は一度も体験したことがないはずなのに、すでにどこかで体験したことのように感じることをいいます（第１章参照）。家族や友達と会話をしているとき、もしくは旅行中、ふと「前にもまったくこんな状況があった気がする。でも、まったく同じ事が現実に起こるわけなんてない。では、夢だったのか？」という不思議な感覚に陥ったことはないでしょうか。こういったデジャビュは、過去に実際に見たり聞いたり経験したことと類似したことに出会ったときに起こると考えられています。日本全国、校舎や校歌は何かしらの類似点があるのかもしれません。つまり、校舎画像を見たときに「これは校舎だ」と判断できたり、校歌を聞いたりしたときに「これは校歌だ」と判断できる、独特の特徴があるのかもしれません。

楠見[5]は、なつかしさを感じやすい人は、日頃デジャビュを体験しやすいことを質問紙研究によって明らかにしました。また、最近行った筆者の研究[9]では、初めて読んだ物語あるいは見たテレビドラマ・映画から似ている話を思い出す機会が多い人、つまり物事の類似性について敏感な人のほうが、よりデジャビュを体験しやすいことを示しました。これらのことから、記憶の中に存在する風景や音楽と似た風景や音楽に対して敏感に気づける人は、よりデジャビュを体験し、その際なつかしさを喚起しやすいということができるかもしれません。今後、なつかしさを喚起しやすい人の特徴について、記憶という視点から検討する必要があるでしょう。

第5章 なつかしいものがなぜ好きになるのか

1 はじめに

なつかしさとは、過去に憧れ、あの頃に帰りたいと望み、願う心情を指します。(5) 第3章でも説明されていますが、近年では消費者になつかしい感情を生起させて商品の売り上げ向上を図るようなレトロ・マーケティングが注目されてきています。ここ数年の不況による社会不安が高まる中で、かつての名曲がカバーされたりリバイバルヒットしたりしています。映像メディアでも、映画『ＡＬＷＡＹＳ 三丁目の夕日』などのように、過去への慕情をテーマとした作品が公開され、高い評価を得ています。この背景として、私たちはかつての風景や思い出と邂逅できるコンテンツに触れることでなつかしいという感情を生起させ、そしてそのことがポジティブな感情を喚起させていると考えることができます。しかし、レトロ・マーケティングによって消費者の購買意欲を上昇させるには、その対象となる商品に対して消費者が好意的感情を持つことが不可欠であるといえます。本章では、「それをなつかしい」と思うノスタルジア感情が、どのようにして「それを好きである」

という好意的感情を導くのかについて、お話していこうと思います。

2　なつかしさとポジティブ感情

なつかしさは、ノスタルジアという用語がかつてはホームシックと同義に使われていたという経緯からもわかるとおり、元々はどちらかといえばネガティブなものとして捉えられてきました。このような認識は、今日までには徐々に変化してきており、なつかしさは現在ではむしろポジティブな感情状態であると考えられています。

たとえば、ノスタルジアとはかつての日々への回帰傾向であり、ホームシックとは区別されるものであるという考え方があります。[10]また、ノスタルジアという言葉に含まれる望郷の意味合いは減少しており、過去への思いという意味合いに変化していることを示す研究もあります。[2]ノスタルジアとポジティブ感情との関連について調べたものとしては、個人的ノスタルジア（個人の直接的経験である自伝的記憶に基づいたノスタルジア感情）に関する調査研究があります。[17]雑誌への投稿内容を分析した結果、ノスタルジア感情の喚起にはネガティブ感情をポジティブ感情へと移行させたり、孤独感を解消させたりする働きがあることがわかったのです。

ほかにも、ノスタルジアはかつて流行した事象を肯定する感情である、[6]個人的ないし歴史的過去への安心感に基づいた幸福感である、[4]過去に対する肯定感全般を指す、などの主張があります（第３章参照）。

このように、私たちがなつかしさを感じている状態がポジティブであることは多くの先行研究によって示されてきました。それでは、ある対象に対してなつかしさを感じてポジティブな感情になることと、それを好きになるということには、どのような関係があるのでしょうか。この疑問に答えるために、本章の〔3〕において好意度喚起に関する理論である単純接触効果について、〔4〕と〔5〕では単純接触効果研究の枠組みにおけるなつかしさの影響に関する研究を、そして〔6〕では情動連合に関する研究を紹介していきます。

3　なつかしさと単純接触効果

読者の皆さんも日々の生活の中で、初めは特に気に留めていなかった人物と毎日会っているうちにだんだんと気になるようになったり、テレビＣＭなどで何度も見聞きした商品を店頭で見かけたときに思わず手にとってしまったりした経験はないでしょうか。このように、ある刺激に触れれば触れるほどそれを好きになっていく現象を単純接触効果といい、１９６０年代の後半にザイアンスという学者によって提唱[19]されました。

単純接触効果はその後の多くの研究によって、無意味・有意味語や名前、漢字などの表意文字や無意味図形といった単純な刺激だけでなく、描画や顔画像といったより複雑な刺激に対しても生じることが実験的に示されています。刺激の提示方法としては、同じ刺激を連続して提示する方法（集中提示）よりも、ほかの刺激と混ぜ合わせながら提示する方法（分散提示）のほうが、より強い効果が得られると言われています[1]。また、刺激への接触から評価までの遅延時間については、ある程度の期間は効果が持続することが確認されています。たとえば実験により、接触直後、１日後、１週間後のいずれにおいても単純接触効果が認められています[15]。また、単純接触効果は2週間後までその効果が持続されることがわかっています[16]。

単純接触効果がどうして生起するのかについては諸説あります。その中でも、現在までに広く受け入れられているのが「知覚的流暢性の誤帰属」説です。これは、次のようなものです。

（1）ある刺激に接触し続けることで、刺激に対する知覚情報処理レベルでの処理効率が上昇することによって刺激への親近性が高まる。

（2）（1）の親近性の高まりが、刺激自体への好ましさに誤って帰属される。

すなわち、ある刺激に触れれば触れるほどその刺激の脳内での処理がどんどん上手くなり、その心地よさを刺激そのものの好意度と取り違えてしまう、というものです。知覚的流暢性の理論は、元々は潜在記憶（過去の記憶を想起しているという意識を伴わない記憶）の研究の枠組みで取り上げられており、その誤帰属の考え方は情動二要因理論に基づいています。情動二要因理論とは、われわれの感じる情動とは、生理的な喚起状態の認知と情動のラベルづけの両方が満たされて成立する、というものです。たとえば、エピネフリンなどの興奮剤を投与されたことによって火照りや心拍数増加といった症状が出ている場合でも、自分がそれを喜び（あるいは怒り）の情動が喚起されたことによる身体反応であると思い込むことによって、その情動を体験してしまうのです。異性といっしょにつり橋を渡るときに、つり橋を渡るという行為によって喚起されたドキドキ感を異性へのドキドキ感と取り違えるという「つり橋効果」もその一例です。

話を元に戻しますが、知覚的流暢性の誤帰属説によれば、刺激への接触経験が想起可能な状況では誤帰属が生じません。そのため、結果として提示刺激に対する好意的反応傾向が抑制されることになります。しかし、テレビＣＭなどでよく見聞きした商品を店頭で見かけて思わず手に取ってしまうような反応であるとか、ＣＭやドラマで使われている曲を何度も聴取しているうちにだんだん好きになっていくような反応を考えた場合、刺激反復接触による好意度上昇場面には流暢性の誤帰属は必ずしも必要ではないということになります。流暢性自体がポジティブ感情を引き起こす、というヘドニック流暢性モデルという考え方[18]もありますが、次に述べるように、単純接触効果が生まれるには刺激への反復接触による概念形成および既知性が関わっていると考えられます。

従来の単純接触効果の研究では、同一刺激への反復接触から処理効率の促進が生じて、親近性の向上が生起することが仮定されてきました。それに対して、同一カテゴリーに属する異なる刺激を提示することによって、単純に同一刺激の処理効率の向上だけではなく、概念形成とそれに伴う典型的な刺激に対する既知感の向上が介在し、親近性の上昇が生じる可能性があります。そして、既知刺激はなつかしさを感じさせ、それによって生じるポジティブ感情が単純接触効果を促進させることが考えられます。

4　お寺のシーン画像への反復接触と既知感によるなつかしさと選好

実験の方法

ここでは、刺激への既知感となつかしさが選好判断に及ぼす影響について、単純接触効果の枠組みで行われた研究を紹介したいと思います。

松田と楠見は、(11) 同一カテゴリーに含まれる複数の刺激への単純接触によって刺激概念がどのように形成され、それが好意度、美しさ、なつかしさといった感性判断にどのような効果を及ぼすかについて検討しました。参加者に提示する刺激として、さまざまなお寺のシーン画像を用いました。提示刺激にお寺の画像を使った理由としては、お寺は各事例間の類似性が高い事から典型的光景の形成が容易であり、そのために既視感の起こりやすい、ということによります。お寺の写真は本堂と門、その他（鐘楼や手水など）の三つのグループからなり、さらにそれぞれのグループの中で典型性の操作がされました。典型性とは、あるカテゴリーにおいてそのカテゴリーらしさを多く含む代表的な事例を指し、典型的なお寺とはよりお寺らしいお寺であるといえます。たとえば、**図5-1**（**口絵**参照）でいえば左の画像がよりお寺らしく、右の画像はお寺でありながらあまりお寺らしくないことがわかると思います。

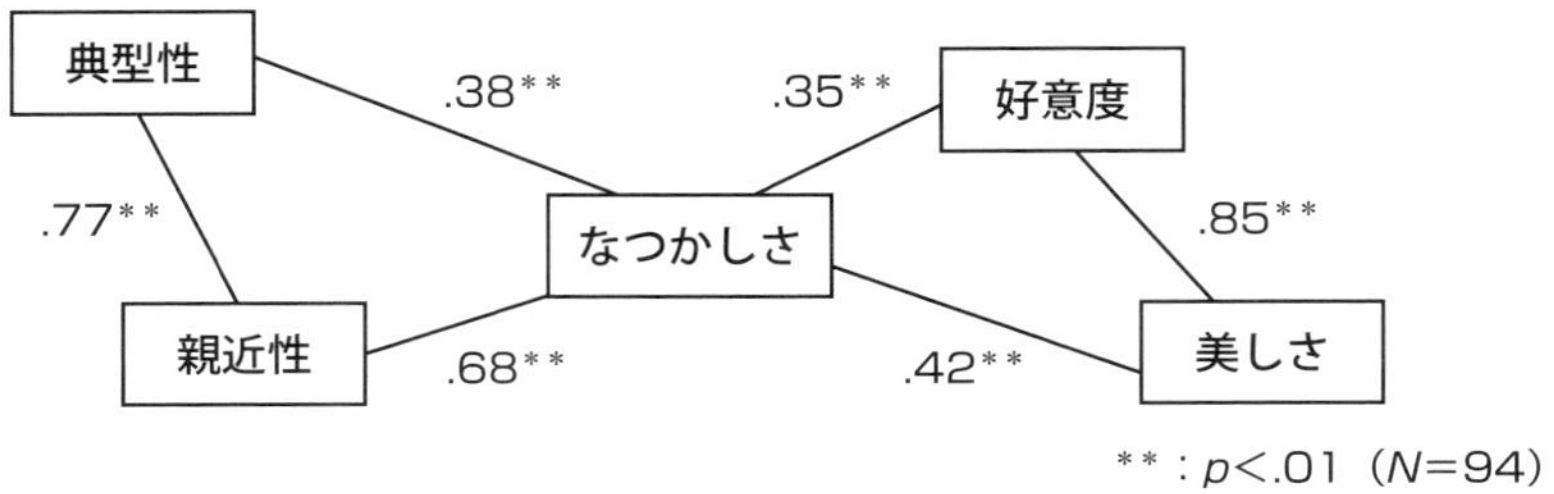

図 5-2　評定尺度間の相関

典型性の操作は、実験に先立って行われた予備調査の結果に基づいて設定しました。予備調査では、参加者にはお寺の画像を1回ずつ連続提示し、画像に対する典型性の他にも親近性、好意度、なつかしさ、美しさの評定を求め、さらに評定尺度間の相関を求めています。相関（ピアソンの積率相関係数）とは、二つの変数がどれくらい連動して散らばっているかを、マイナス1からプラス1の数値で表わす統計量をいいます。相関係数は、身長と体重のように一方の変数が上がればもう一方も上がるときに正の値を取り、加齢と体力のように一方が上がればもう一方は下がるときに負の値を、無関係のときには0の値を取ります。お寺の画像に対する五つの尺度値の相関は**図5-2**のようになり、お寺の典型性や親近性が好意度や美しさに与える影響は、なつかしさを媒介している可能性を示しました。

実験は接触段階と評定段階の2段階からなり、接触段階では43名の実験参加者にお寺の画像を次々と連続提示しました。画像ごとに接触頻度が操作されており、画像によっては接触段階で1回しか出てこないもの、3回出てくるもの、6回出てくるもの、1回も出てこないものの4種類が用意されました。画像はパソコンのディスプレイを通して参加者に提示され、提示時間は各画像1枚につき1秒であり、画像間には1秒のインターバルを挟みました。評定段階は、接触段階の終了から5分後に行われました。ここでは参加者には、接触段階で出てきた刺激（旧項目）および出てこなかった刺激（新項目）に対して、典型性やなつかしさ、好意度などを9段階評定で、再認をあったか無かったかの

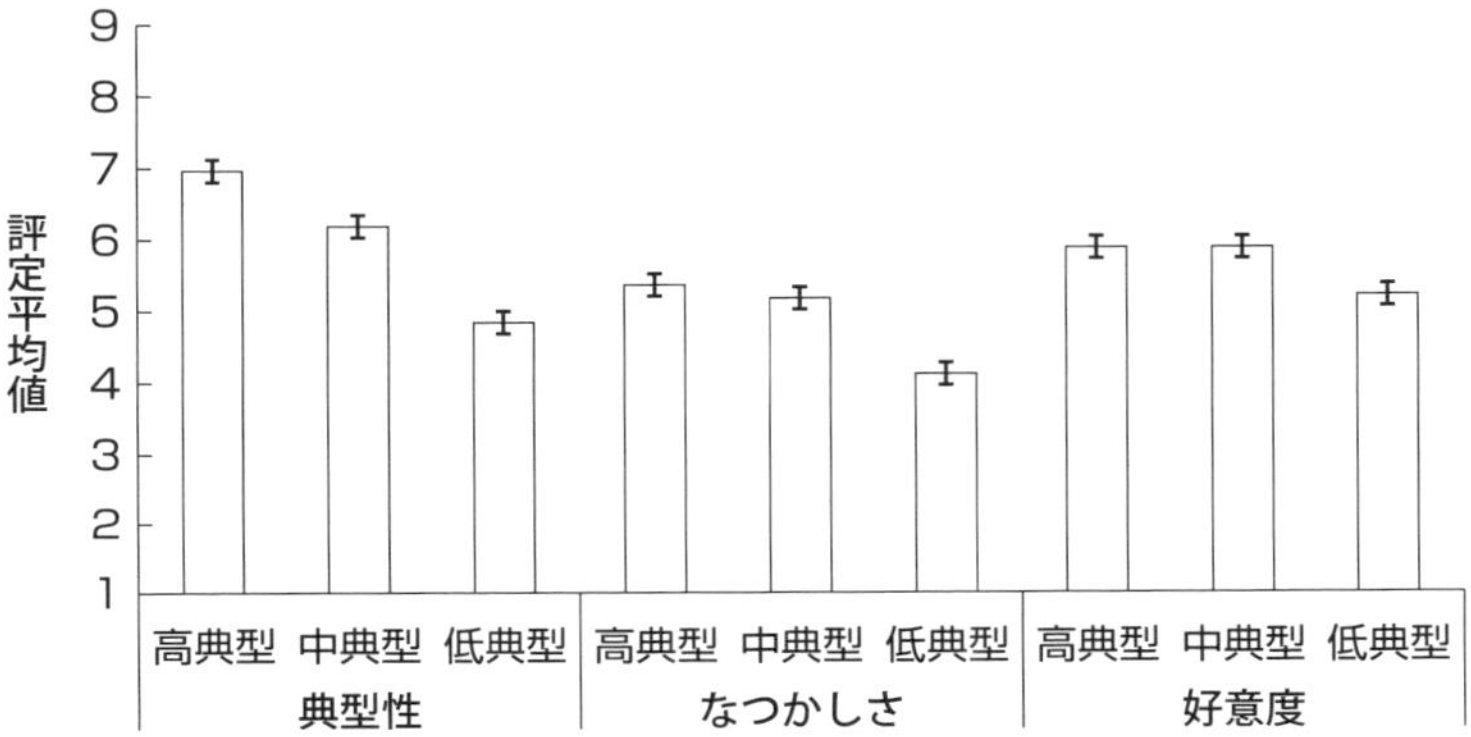

図5-3　新項目への典型性・なつかしさ・好意度評定値
（エラーバーは標準誤差）

2段階評定で聞いています。

実験の結果

まず、接触段階では提示されていない新項目への評価を見てみますと、**図5-3**に示すように、事前に操作された典型性が高い画像ほど、典型性評定値が高いという結果となりました。これは典型性の事前操作が上手くいっていたことを示すものです。なつかしさと好意度の評定値では、事前操作による典型性が高い刺激ほど、参加者は刺激に対してよりなつかしさ、好ましさを感じていました。予備調査の結果に基づいて考察すると、より典型的なお寺のシーンがなつかしさを生じさせ、そのなつかしさ感情を媒介して刺激に対する好意度が上昇したものと考えられます。

続いて新項目に対する再認の成績を見てみますと、**図5-4**に示すように、刺激の典型性が高いほど再認率が高くなっていました。これらは接触段階では提示されていませんので、これらの刺激に対して「あった」と反応するのは、すべて虚再認（提示されていない刺激に対して、誤って「あった」とする判断）になります。典型的なシーンほど、われわれはそれを「見たことがある」と判断してしまいますので、この結果から刺激の典型性のデジャビュ現象と

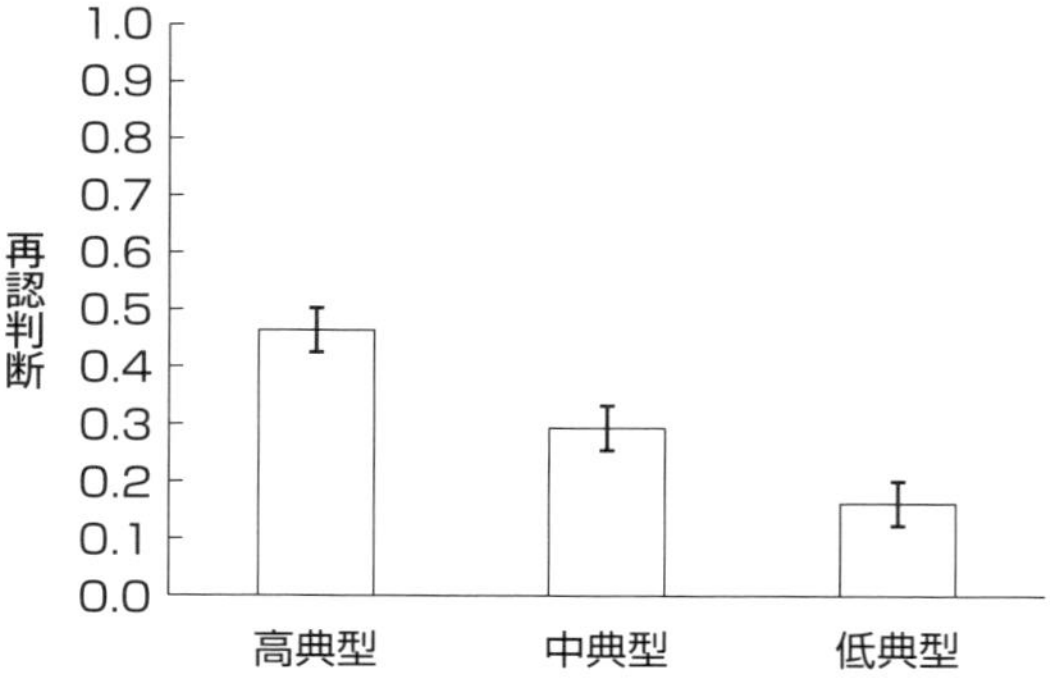

図 5-4　新項目への再認判断（エラーバーは標準誤差）

の関連を指摘できます。デジャビュとは、初めて来た場所（見たもの）であるにもかかわらず、以前にも来た（見た）ような感覚に陥る現象です。先行研究によっても、デジャビュ現象の体験頻度となつかしさ喚起傾向性との間の正の相関が示されています[8]（第1、3、4章参照）。

反復提示の効果については、刺激への接触頻度に応じて典型性評定値が上昇し、それに伴ってなつかしさや好意度といった感性評価および再認も上昇することが明らかとなりました。この結果から、刺激への接触頻度の増加に伴って概念学習が行われ、お寺の典型的表象がその刺激に重みづけられた方向で更新されて、結果として提示回数の効果は刺激の典型度にかかわらず等しく効いたという解釈ができます。そして、刺激の典型度に応じてなつかしさ感情が喚起され、それによって喚起されたポジティブ感情が、刺激に対する好意的印象を押し上げたものと解釈できます。

また、接触段階と評定段階との間に1週間のインターバルを挟んだ実験[12]では、典型性評定値は、高典型刺激の場合は接触頻度に応じて評定値が上昇し、一方で低典型刺激の場合は評定値が下降しました。接触段階の後に1週間のインターバルを挟んだことで、低典型刺激はお寺とは別のカテゴリーであると判断されたことが考えられます。なつかしさと好意度の評定値については、低典型刺激は典型性評定値と同様に接触頻度に応じて評定値が下降して、高典型刺激における提示回数の効果は最高提示回数である6回提示条件のみで見られました。この結果から、刺激への反復接触によるなつかしさおよび好意度の生起を得るためには、ある程度の接触頻度が必要であることが示唆されます。

以上より、四つの点が明らかとなりました。第1に、同一カテゴリーに属する複数の成員を反復提示することによって、そのカテゴリーの典型的表象が形成されること。第2に、典型的表象はデジャビュを生じさせ、その刺激に対するなつかしさ感情を喚起させること。第3に、なつかしさはポジティブな感情を喚起させ、その結果として刺激に対する好意的印象を高めること。第4に、なつかしさを介在した単純接触効果を得るためには、ある程度の接触経験が必要であることです。

これらの研究はすべて刺激の提示に分散提示を用いていましたが、次の〔5〕では提示方法によって懐かしさ感情の生起とその後の好意度上昇にどのような影響を及ぼすかについて述べていきます。

5　集中提示とインターバルによるなつかしさ喚起

集中提示と分散提示

〔3〕でも挙げましたが、単純接触効果に影響を及ぼす要因のひとつとして、刺激提示方法があります。刺激提示方法は大きく分けると、次の二つがあります。

（1）一つの刺激を続けて連続提示する集中提示
（2）他の刺激と混在させながら提示する分散提示

いますと、分散提示のほうが集中提示よりも大きな単純接触効果が得られることが、明らかにされています。[1] そのため、近年の単純接触効果研究では、そのほとんどで分散提示が用いられています。単純接触効果は広告の効果を高める要因の一つとして考えられていますが、テレビＣＭでは単独の広告を連続して放送するのではなく、さまざまな広告と混在させながら放送することによって広告効果を高めているといえるでしょう。

しかし、２０１１年に発生した東日本大震災の影響により、民間企業のテレビＣＭの放映が自粛されるという出来事がありました。その結果、ＡＣジャパン（旧公共広告機構）のＣＭが連続で繰り返し放送される、すなわち集中提示されるという状況になりました。そして、多くの国民が震災に関する情報をＴＶ放送に求めるなかで、あまりにも同じようなＣＭが繰り返し放送されたことにより、視聴者からの抗議が殺到し、ＣＭの最後に入る「エーシー」というサウンドロゴが削除されたことは、読者の記憶にも新しいことだと思います。[3] これは、同一の刺激を集中提示することによって刺激に対する飽きが生じ、単純接触効果の生起が抑制されるのと同様の状態であると考えられます。しかし、それにもかかわらず、ＣＭ総合研究所（２０１１）が発表した２０１１年上半期（２０１１年１月〜６月度）のＣＭ好感度１位にはＡＣジャパンのＣＭが輝きました。つまり、過度の集中提示により一旦は低下したＣＭ好感度が、ある程度の期間を経た後には急激な上昇をしたのです。このような結果となった原因として、視聴者のＡＣジャパンのＣＭに対するなつかしさ（ノスタルジア）による影響があったのではないかと考えられます。

楠見と松田、杉森の研究[9]では、なつかしさを感じる対象の加齢による変容について検討していますが、その中でなつかしさは、過去の集中的な接触とその後の空白期間によって生起することが示されています。また、ノスタルジア感情を感じた状態はポジティブであるという可能性も指摘されています。[17] つまり、ＡＣジャパン

□○▽□☆△△△△△△○▽□☆・・・

図5-5　集中提示と分散提示

のテレビＣＭに繰り返し接したことが、その後の時間の経過によってＡＣジャパンのＴＶＣＭに対するなつかしさ（ノスタルジア）を感じさせたのではないか。そして、そのなつかしさが視聴者の中にポジティブな感情を生起させ、結果としてＡＣジャパンのテレビＣＭに対する好意度が上昇したのではないか、ということが考えられるのです。

実験の方法

松田と杉森、楠見は、[14]分散・集中提示による単純接触効果に、接触後の遅延とそれによって生起されたなつかしさ感情がどのような影響を与えるのかについて、検討しています。

実験は18歳から21歳の大学生55名（男性33名、女性22名、平均年齢一八・四歳）を対象に実施されました。

提示刺激としてニュートラルな無意味輪郭図形を使用し、提示方法として集中提示と分散提示の2種類、提示回数は3回と6回、9回の3種類を設定しました。たとえば、集中提示による6回提示条件というのは、刺激提示系列の中で同一刺激が連続して6回提示され、分散提示による3回提示条件は、ほかの刺激を間に挟みながら3回提示されています。**図5-5**でいえば、一番左の図形から右の図形まで順番に一つずつ提示した場合、△の図形が集中・6回提示条件を意味し、□の図形が分散・3回提示条件を意味しています。このように、各提示回数条件と提示方法条件の刺激を混ぜ合わせて、刺激提示系列を作成しました。

実験は接触段階と評定段階の2段階で行われました。接触段階では、無意味図形刺激が1枚につき3秒間、次々に連続提示されました。すべての刺激を提示した後、5分間のインターバルを挟み、その後に評定段階を行いました。

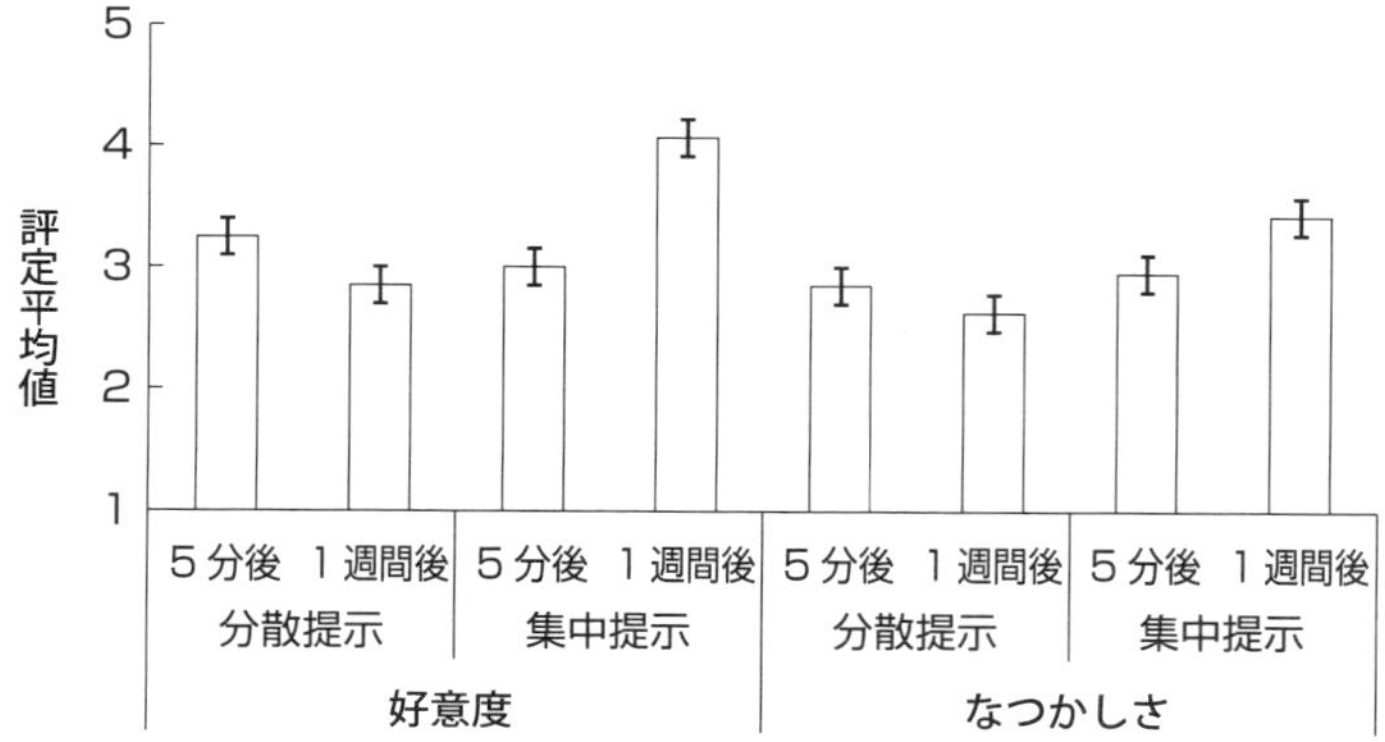

図5-6　9回提示条件における好意度・なつかしさ評定値
（エラーバーは標準誤差）

接触5分後の評定段階では、参加者には刺激画像について、好意度（1：嫌い～5：好き）、親近性（1：親しみにくい～5：親しみやすい）、なつかしさ（1：なつかしくない～5：なつかしい）、新奇性（1：目新しくない～5：目新しい）の四つを5段階で、再認（0：なかった～1：あった）を2段階で評定を求めました。接触5分後の評定段階から1週間のインターバルを挟み、接触1週間後の評定段階を行っています。手続きは、接触5分後の評定段階と同様でした。ただし、1週間後に評定させる刺激画像はすべて接触5分後の評定段階で使用していないものを用いています。

実験の結果

9回提示条件の結果を、**図5-6**に示します。分散提示した刺激に対する各尺度の評定値は、1週間のインターバルによる変化は見られませんでした。これは、従来の研究と同様に、分散提示において1週間後にも単純接触効果が持続されたことを意味します。それに対して、集中提示刺激への評定は、提示回数の多い条件（9回）で、1週間のインターバルによるなつかしさ評定値の上昇が見られました。同様に、好意度評定の上昇も見られたため、なつかしさを感じた状態はポジティブであるという先行研究[17]

の知見を支持する結果となりました。従来の研究では集中提示よりも分散提示の方が単純接触効果が大きいとしていますが、1週間のインターバル条件を設定した本研究の結果はこれまでの研究とは異なる結果になりました。なぜこのような結果が得られたのかについては、分散提示では遅延によって刺激に対するなつかしさ感情の上昇が生じず、評価がそのまま保持されたのではないかと考えられます。その一方で、集中提示では1週間の遅延時間によりなつかしさ感情の生起が促進され、なつかしさによって喚起されたポジティブ感情が刺激への評価に上乗せされたために、分散提示よりも高い好意度評定が得られたものと考えます。また、3回および6回の提示ではこのような評定値の上昇が見られなかったことから、なつかしさ感情喚起の影響を長期的に保持するためには、〔4〕の実験[12]と同様に、ある程度の接触頻度が必要であるといえるでしょう。

従来のなつかしさ研究では、元々なつかしさを感じやすい刺激に対して検討を行っていたものが多く、新奇刺激に対して提示回数や提示方法、遅延時間を操作することによってなつかしさを感じさせるような手続きではあまり検討されてきていませんでした。しかし本研究では、これらの変数を操作することにより、新奇な中性刺激に対しても意図的になつかしさを生起させることが可能であることが明らかとなりました。今後、なつかしさに関する研究する際には、実験参加者に対して同レベルのなつかしさを感じさせる刺激を作成すること、さらにそのなつかしさの度合いを意図的に変動させることが可能であることが判明したといえます。

6　対連合によるなつかしさ感情の般化

本章の〔4〕と〔5〕では、刺激反復提示によって刺激そのものがなつかしさを喚起するケースについて紹介してきました。ここでは、なつかしさを喚起させる刺激といっしょに提示された刺激に対する好意度上昇を検討した研究を紹介します。

実験の方法

さまざまな研究によって、①なつかしさの要素が広告に対するポジティブな情動を喚起させ、広告や銘柄に対するよりよい態度変化を生じさせること、そして、②ポジティブな情動を起こさせる広告は商品に対する評価を高めること、が知られています。

しかし、なつかしさ感情が直接的に広告の効果を高めているのか、それともポジティブ情動喚起の介在による間接効果なのかは検討されてきていませんでした。そこで、松田と杉森、楠見[13]の実験では、遅延によってなつかしさ感情を喚起するソース記憶（その広告をどこで知ったのかに関する記憶）が阻害される状況を作りました。具体的には、なつかしさを喚起させるような画像を広告といっしょに提示し、さらに接触段階と評定段階の間に1週間のインターバルを挟んでなつかしさ感情のソース記憶を減少させることで、いっしょに提示された広告への評価にどのような影響を及ぼすかについての検討を行ったのです。

広告刺激として、中立的な日用品（歯磨き粉、シャンプー、洗濯用洗剤）と食品（レトルトカレー、即席麺類、お茶）の商品名が用いられました。広告は**図5-7**（**口絵**参照）に示すように、上部に商品画像、下部に商品名という構成で作成しました。各広告は予備調査で選出されたなつかしさの高低いずれかの画像刺激といっしょに提示され、提示位置は画面の左右に提示されました。

実験は集団で行われ、接触段階では、刺激は参加者全員に対してスクリーン上に提示されました。その際に、半数の参加者には画像の右側に提示された広告を、もう半数の参加者には左側の広告を見るようにお願いしました。5分のインターバルを挟み、評定段階では、すべての旧項目を新項目と一対提示し、好意度と購買意図、旧項目を覚えているかどうかについて、度合いが高いと思われる方を強制選択させました。広告を見せた後に1週間のインターバルを置き、同様の評定課題を行っています。ただし、5分条件と1週間条件の間に、評定される刺激の重複はありませんでした。

実験の結果

実験の結果は次のようになりました。

日用品の広告

5分後条件　画像のなつかしさは対提示された広告の商品評価を上昇させず、むしろ抑制された。
1週間後条件　なつかしさによって商品に対する好意度が上がったものの、購買意図は抑制され続けた。
旧項目を覚えていたかどうか　なつかしさを喚起させる画像といっしょに提示された広告の商品名のほうが、喚起させない画像といっしょに見せられた商品名よりも長期間おぼえられていた。

食品の広告

5分後条件　対提示画像によって喚起されたなつかしさによって、商品評価に促進効果が見られた。
1週間条件　なつかしさによる広告効果が保持され、さらに5分条件と比較して全体的に商品評価が上昇した。
旧項目を覚えていたかどうか　日用品の広告とほぼ同様の結果であったが、1週間後の再認成績は日用品よりも若干高かった。

日用品の結果より、商品評価を直接的に上げるには商品の特性と広告の内容が一致していることが重要であること、なつかしさ感情は商品への既知性を高めて遅延後の商品評価を間接的に上昇させることが明らかとなりました。また、食品の結果から、遅延によってソースが曖昧となったなつかしさ感情が、商品への再認記憶による肯定的判断に加算されたことが示唆されます。これは、〔4〕と〔5〕で紹介した研究と同様であるといえます。

7　まとめ

本章では、ヒトはなぜなつかしいものに対して好意的印象をもってしまうのか、ということについて、①なつかしさが喚起するポジティブ感情、②好意度形成の理論である単純接触効果、③対連合学習による情動般化という三つの観点から解説してきました。

そして、「なつかしいものがなぜ好きになるのか」という問いに対して、われわれがこれまでに行ってきた一連の研究から、次のような回答を得ました。

(1)　ある刺激に対するなつかしさの感情は、ある程度の集中的な反復接触経験によって形成された刺激への既知感と、その後の空白期間によって生じる。

(2)　そのなつかしい刺激への好意的な感情は、その刺激を知っているという安心感からくるポジティブ感情、あるいはなつかしさそのものが喚起するポジティブ感情が、刺激自体の評価に加算されることによって高まる。

残された課題として、インターバルと接触頻度の問題が挙げられます。すなわち、「いつ」「どれくらい」刺激を提示すれば、刺激へのなつかしさ喚起とそれによる好意度上昇をもっとも高めることができるのか、という問題です。これは、ＴＶＣＭの投下スケジュールとも大きく関わります。本章で紹介した研究では、刺激への接触と評価との間のインターバルを1週間に設定していました。接触頻度についても、これらの研究では刺激への接触頻度に応じて好意度が線形に上昇しましたが、さらに回数を増やすことで、ピークが生じ、評価の低下に転じるかもしれません。単純接触効果研究において、インターバルの長さによって提示回数の効果が変動する、という報告もあります。そこで今後は、さらに多くの頻度について検討するとともに、接触頻度に応じての最良のインターバルについても調べていく必要があります。

また、本章で紹介した研究ではすべて視覚刺激を用いていましたが、今後は聴覚などの他の感覚モダリティ（視覚や聴覚のように、様々な異なる感覚受容器によって得られた感覚の経験）についても検討を行っていく必要があるでしょう。それによって、なつかしさによる好意度上昇には視覚や聴覚、嗅覚などの感覚間で相互作用があるのか、もしくは感覚モダリティを越えて共通した認知モデルが提唱可能であるか、についても明らかになっていくことでしょう。

第6章 なつかしさと記憶、臨床的応用

1 なつかしさと記憶との関係

自伝的記憶――私の記憶

人は日常生活の中で数多くのことを経験し、それは意識していなくても記憶や思い出として蓄積されています。このような過去に自分自身が経験した出来事の記憶を自伝的記憶（autobiographical memory）といいます（第1章参照）。この自伝的記憶により、私たちは生まれて今に至るまでの自分が一貫した変わらぬ存在であると感じることができ、また何か困ったことが起きたときにも、過去の経験を活かして適切に対処できるのです。このことから、自伝的記憶は私たちが生きていく上で必要不可欠なものであるといえるでしょう。

自伝的記憶を思い出すときには、出来事を経験した当時に感じたような感情と非常によく似た感情が喚起されることがあります。たとえば、子どもの頃に友達と楽しく遊んだことを思い出して、楽しい気持ちになると

いったものです。一方で、過去のつらい失恋経験を振り返っても、今ではいい思い出と感じられるように、出来事の経験時とそれを思い返すときとでは異なった感情が喚起されることもあります。このように自伝的記憶は感情と密接に関係しているのです。

過去を振り返ることの意味

私たちは生活の中で、しばしば過去を振り返ることがあります。それは家族や友人と会話をするときなど目的があって意識的に思い出すこともありますが、一方で、香りを嗅いだときや風景を眺めているときなど、ふとしたきっかけで無意識的にも思い出されることもあるでしょう。普段なにげなく過去の経験を思い返すという行為をしていますが、この行為は私たちにさまざまなものをもたらしてくれます。

過去の経験を思い返すことを「回想（reminiscence）」といい、特に高齢者を対象として研究が行われてきています。回想は「辛い現実から逃避するため」や「過去に対して執着しているため」というように否定的な行為として考えられていました。しかし、バトラー[3]は、高齢者が行う回想を、「人生の最終段階で自分の死を意識したときに行う自然で普遍的な心的過程である」と指摘しました。この過程の中で、高齢者はこれまでの人生の出来事を振り返り、過去の未解決の問題を捉えなおし、再評価することで、人生に新たな意味づけがなされると考えられています。その後、回想は積極的に行うことが望ましいと考えられるようになり、回想に関する研究や医療や介護、福祉などの場面での実践が数多く行われるようになってきています。

また、ウェブスター[18]は、17～91歳まで人を対象に、回想のもつ機能について調査し、回想の機能を体系的に捉えることを試みました。その結果、回想機能には「退屈の軽減」「死の準備」「アイデンティティ」「問題解決」「会話」「親密さの維持」「辛い経験の再現」「情報・知識の提供」の八つの機能があることが明らかになり

表6-1　ウェブスターの回想機能

機　能	内　容
退屈の軽減	生活に刺激がなく，目標に向けた行動もしていないときに心地よく行う
死の準備	死への不安を減らし，終幕感と静けさをもたらす
アイデンティティ	自己の存在を明確化，具体化させる
問題解決	過去の問題を解決した経験を思い出し，その方法を用いて，現在抱える問題を解決する
会　話	共有の体験をわかちあい，他者とつながりをもつ
親密さの維持	亡き人や疎遠になった人との認知的，感情的な感覚をよみがえらせる
つらい経験の再現	不当に扱われたと感じる出来事を思い出し，感情を管理する
情報・知識の提供	他者にとって重要な情報や知識を伝え，その人の意思決定に寄与する

(Webster 1997)

ました。**表6-1**は、ウェブスター[18]が明らかにした回想機能とその働きを示したものです。

さらに、回想機能は年齢によって特徴が異なることも明らかにされています。たとえば、青年期は「アイデンティティ」「問題解決」のために回想することが多く、「情報・知識の提供」や「死の準備」は老年期で特に用いられるとされています[19]。

オズボーン[13]は、高齢者の回想の意義として、①自分の人生を見つめなおす過程に積極的価値があること、②現在活動的でない人に過去のもっとも生き生きとした話題を提供すること、③グループ活動として、互いに耳を傾けるという社会的技術を学ぶ活動であること、④高齢になってもある程度残されている長期記憶を用いること、⑤高齢者に情緒を広く表現する稀な機会を提供することを挙げています。以上のように、回想は自身の成長や、問題の解決・整理といった自己に関する機能だけでなく、他者との関係形成など社会的な機能も果たします。回想することにより人はさまざまな機会を得ることもできるのです。

また、同じ出来事を経験しても、それをポジティブに受け止める人もいれば、ネガティブに受け止める人もいるように、ひとえに回想といっても経験した出来事に対する評価、そしてそこから生じる感情など，個人によってその特徴は大きく異なります。上述したような回想の意味づけや意義も含め，個人の回想をただ過去の経験を振り返る行為と考えるのではなく，それがどのような意味をもつのか多角的に捉えていくことが大切だといえます。

なつかしさを感じる記憶

過去に経験した出来事（自伝的記憶）を思い出したとき，なつかしい（nostalgia）という感情が喚起されることがあります。なつかしさは記憶を想起したときに限らず，自分の子どもの頃の写真を見たとき，しばらく会っていなかった旧友に偶然に出会ったとき，テレビで昔よく聞いていた音楽が流れたときなど，そのきっかけはさまざまです。時には，友人や家族となつかしい思い出を共有することもあるでしょう。思い出の品などによってなつかしさを感じる場合には，その当時の記憶が鮮明に蘇り，まるでその当時に戻ったような感覚になることも少なくありません。まるでタイムスリップをしてその当時に戻ってしまったような感覚は，多くの人が一度は経験したことがあるのではないでしょうか。

なつかしさは知識によって引き起こされるものではありません。たとえば，人名や地名などに対してなつかしさを感じたとしても，背景にはそれと関連する個人的なエピソードを伴っている場合がほとんどです。つまり，なつかしさは自伝的記憶と強く関連する感情であると考えられるのです。なつかしさは，認知（記憶）と感情が合わさって構成されていると定義することができます[4]。また，なつかしさを喚起させる対象について，「若かったときに現在よりも流行していたもの（人，場所，物）に対する好意的な感情」であるとする説（ホルブルックとシンドラー）[6]もあります（第3章参照）。

以上のことから，なつかしさはうれしさや悲しさのような基本的な感情ではなく，記憶と感情で構成されており、むかしの馴染みのあるものに久しぶりに接することで、その当時の記憶とともに喚起される特別な感情であるといえます。

2 なつかしさが記憶に与える影響

前述の通り、なつかしさは記憶と感情からなる複合的な感情であり、なつかしさを感じるとその当時の記憶が一瞬にして呼び起されることがあります。それでは、実際になつかしさを感じることで記憶にはどのような影響があるのでしょうか。心理学ではそのようななつかしさと記憶との関連について研究が進められています。

瀧川[17]は、大学生を対象に懐かしさと記憶を思い出す速さについて実験を行いました。はじめに、予備調査として大学生にいくつかのキーワード（「母親」「修学旅行」「夏休み」など）を提示して、そこから思い出される「小学校高学年」と「中学校」のときの記憶をそれぞれ記述してもらい、さらに小学校高学年時に聴いていたなつかしい音楽も記述してもらいました。一カ月後、同じ大学生に予備調査で尋ねた記憶内容をパソコンの画面に提示し、そのエピソードが小学校と中学校のどちらの記憶かをボタンを押して判断するよう求めました。その際、大学生をなつかしい音楽を聴きながら課題を行う条件、なつかしくない音楽を聴きながら課題を行う条件、音楽を聴かずに課題を行う条件に分け、三つの条件でのボタンを押す速さ（反応時間）に違いがあるか比較を行いました。なつかしい音楽を聴く条件では、事前に回答してもらっていた小学校高学年のときのなつかしい音楽を使用し、なつかしくない音楽を聴く条件では実験当時に流行していた音楽を使用しました。その結果、小学校高学年のときに聴いていた音楽を聴くと、小学校高学年のときの記憶の反応時間が速くなること（図６－１）、そして反対に、中学校の記憶は正確に判断できなくなることがわかったのです（図６－２）。

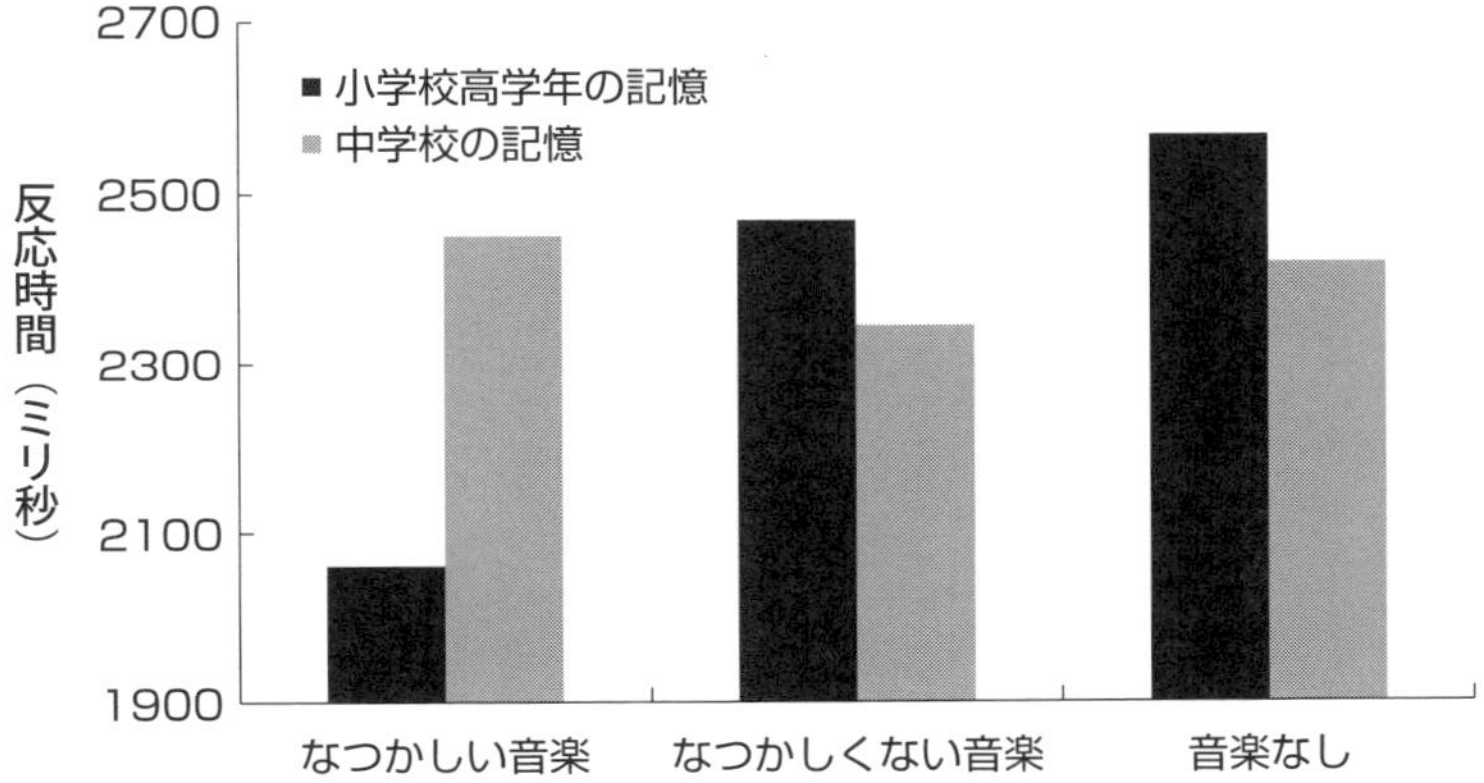

図 6-1　音楽聴取条件における自伝的記憶に対する平均反応時間（瀧川・仲 2011）

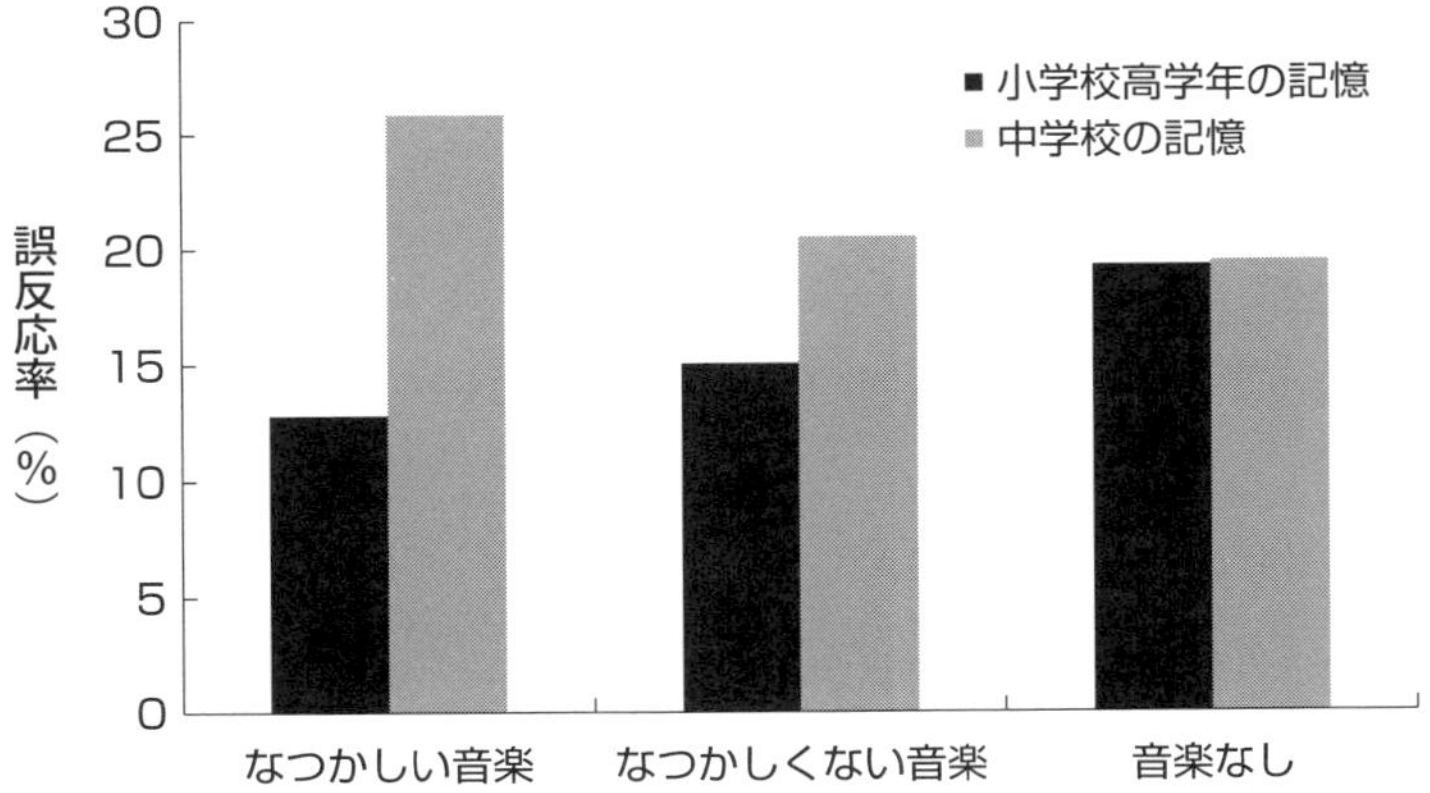

図 6-2　音楽聴取条件における平均誤反応率（瀧川・仲 2011）

つまり、なつかしさを感じるとその当時の記憶が活性化し、その結果、記憶が想起しやすくなること。そして、それとは反対になつかしさを感じることでなつかしさを感じない時期の記憶が曖昧になってしまうことが明らかになったのです。

さらに、瀧川[16]は、大学生を対象になつかしさと思い出す記憶の量との関係について実験を行いました。大学生には、彼らが小学校高学年の頃に流行した音楽を聴きながら、音楽を聴いて思い出す〝小学校高学年時の出来事〟と〝中学校時の出来事〟をできるだけ詳細に書いてもらいました。同時に、実験で使われた音楽を最も聞いていた時期についても尋ねました。その結果、音楽をなつかしいと感じた場合、なつかしさを感じた時期の記憶をより詳細に思い出すことが明らかになりました。これは、先述したなつかしさと思い出す速さとの関係を調べた実験と同様に、なつかしさは、どの記憶にも均等に影響を与えるのではなく、なつかしさを感じる時期の記憶のみ活性化させることを示しています。また、これまでの研究では、なつかしい音楽を聴くと、その音楽が流行した時期の記憶が活性化されると考えられていました。しかし、なつかしい音楽は、必ずしも音楽が流行していた時期の記憶を活性化させるのではなく、個人がその音楽を最も聴いていた時期の記憶を活性化させることもわかりました。

その他にも、これまでの研究から、瀧川の研究と同様になつかしさを感じるとより多くの記憶が思い出せるようになることや、なつかしさを感じるとポジティブな気分になり、思い出した出来事に対してもポジティブな評価をすることがわかっています[1][8]。

以上のことから、なつかしさはなつかしさを感じる時期の記憶に対する促進効果をもっているだけでなく、気分や記憶に対する評価にまで影響を及ぼしていることがわかります。そして、私たちがなつかしさを感じたときに、当時にタイムスリップしたように記憶が思い出される体験は、なつかしさによる記憶の活性化がその要因の一つであると考えられます。

3 なつかしい記憶の機能

私たち日本人にとって、「なつかしい」という言葉はとても慣れ親しんだものであり、日々の会話の中でもよく使われています。そして、家族や友人と話すなかで、なつかしい話に花を咲かせたり、時には一人でいるときでさえも昔の記憶を思い返し、なつかしさを感じたりすることもあります。

感情には、それぞれに機能が備わっており、私たちが生きるために必要な役割を担っています。たとえば、「恐怖」や「不安」は、自分では対処できない場面や未知の場面で生じますが、これらの感情が引き起こされることで、人はいちはやく危険を察知し、慎重な行動を起こすことができます。恐怖や不安には、いわば自分を守る機能があるといえるでしょう。また、「悲しい」という感情は、悲しみにくれることで、自分を癒し、さらには悲しさを表出することで周囲からの助けを得られるという役割をもっています。

それでは、私たちはなんのためになつかしさを感じ、また、なつかしい記憶を思い出すことには、どのような意味や役割があるのでしょうか。この問いに対して、なつかしさは以下の四つの機能を有しているとする考え方があります。[15]

（1）ポジティブ感情

（2）自己肯定感の維持・向上

（3）社会的絆の強化

（4）人生の意味づけ

はじめに「ポジティブ感情」は，なつかしい出来事を思い起こすことにより，強いポジティブ感情が喚起されるというものです。また，それだけではなく，ネガティブな気分を緩和させるためにもなつかしさがを用いられることもあります。これは上述した先行研究と同じ結果を示しており，なつかしさがポジティブな気分を誘導することを示唆しています。次に，なつかしさは「自己肯定感を維持・向上」させると言われています。なつかしさを感じることで，自分を肯定的に評価できるようになるのです。さらに，「社会的絆の強化」については，なつかしい経験を思い返すことで，自分と他者や社会とのつながりをより強く意識できるようになり，社会からサポートを受けていると感じやすくなるというものです。また，なつかしい記憶を思い出すことで，周囲から守られていると感じることができるようになります。そして「人生の意味づけ」について，なつかしさは自分の人生が意味あるものである感じさせ，死に対する不安も和らげるとされています。

その他にも，自己同一性（セルフ・アイデンティティ）の発達や再構成など，なつかしさは多くの機能を有しており，精神的健康の維持・向上に役立つと考えられています[2]。もちろんこのような機能すべてを，私たちがなつかしさを意識的に感じることで用いているわけではありませんが，なつかしさは短期的にも長期的にも役立てられ，なつかしさをなんらかのよくない状態から改善するために自然と用いているのです。

4　なつかしさの臨床的応用

近年，なつかしさを引き起こす商品や映画，広告などに関心が集まっています。たとえば，昭和の街並みを再現したアミューズメント施設や，菓子や飲料の復刻パッケージなどが挙げられ，これらは消費者行動研究において，レトロ・マーケティングとして注目されています（第3章参照）。さらに，なつかしさは医療福祉のなどでも注目されつつあり，ここでは医療福祉の中でも特に，認知症高齢者の心理的援助を目的として用いられ

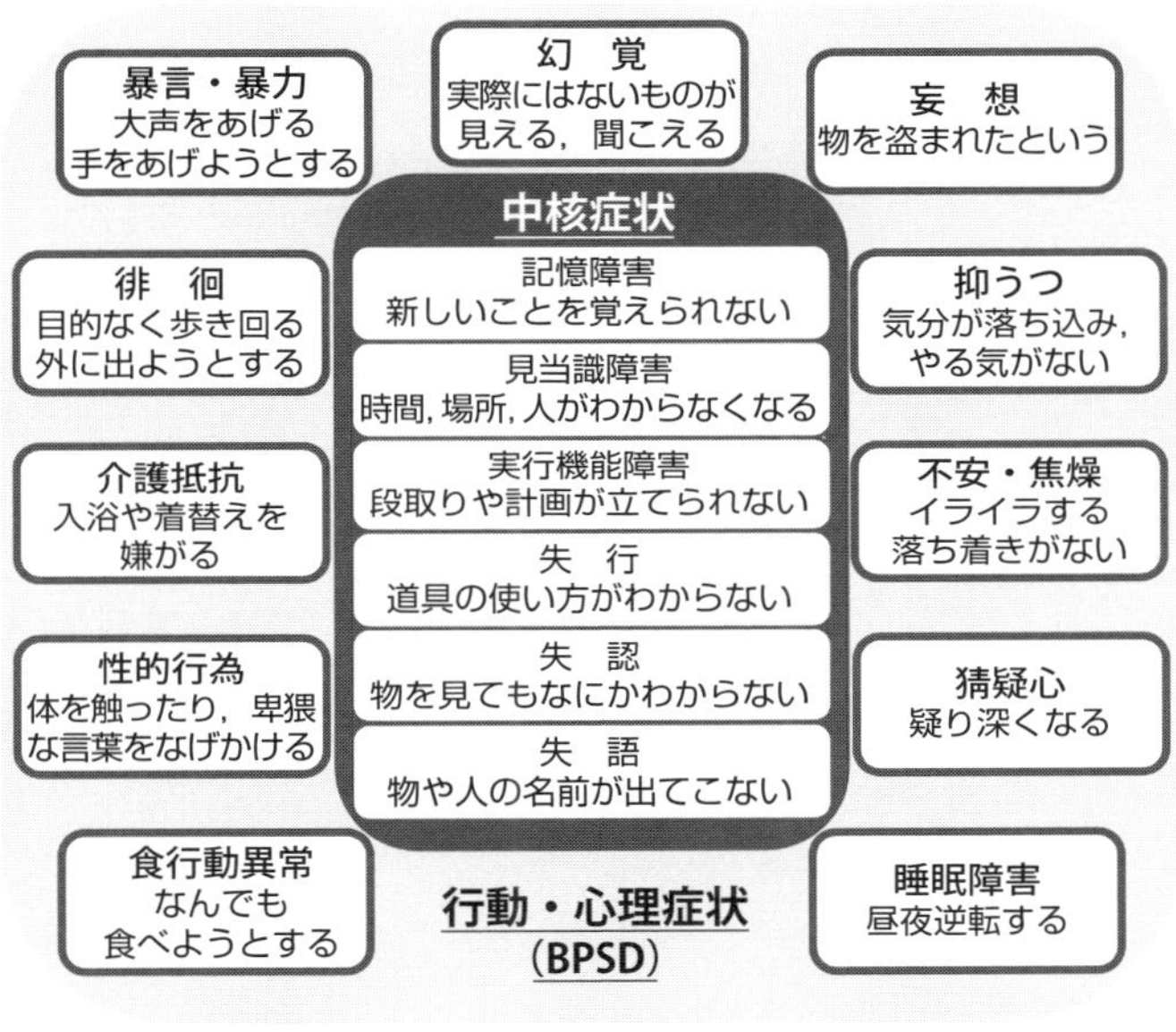

図 6-3　認知症の中核症状と周辺症状〔日本認知症学会（2008）をもとに作成〕

る回想法におけるなつかしさについて取り上げたいと思います。

認知症高齢者への支援

認知症とは、生後、正常に発達した脳の機能が、何らかの原因により慢性的に低下し、日常生活に支障をきたす状態をいいます。認知症の中でも特にアルツハイマー型認知症がよく知られてれますが、その他にも脳血管性認知症やレビー小体型認知症など、さまざまなタイプの認知症が存在します。

認知症の症状には、認知機能の低下によって生じる「中核症状」と、中核症状によって二次的に引き起こされる「行動・心理症状」（BPSD：Behavioral and Psychological Symptoms of Dementia）があります（図6-3）。中核症状には、記憶障害、見当識障害、実行機能障害があり、その他にも言語、思考、理解、計算などの認知機能の障害が含まれます。特に、アルツハイマー型認知症では新しいことを覚えることが難しくなり（記憶障害）、「自分が夕飯を食べたかを覚えていない」「何度も同じことを言う」などの問題が生じます。

ＢＰＳＤは、身体的要因や心理・社会的要因が影響すると考えられており、幻覚、妄想、抑うつ、徘徊、不安・焦燥などが含まれます。ＢＰＳＤは、認知症高齢者に必ずあらわれる症状ではなく、症状やその程度は疾患の種類や重症度などによって異なります。しかし、ＢＰＳＤは認知症高齢者の生活の質（ＱＯＬ：Quality of Life）の低下を招き、介護者の負担を増大させる要因となりえることから、ＢＰＳＤ軽減のための治療やサポートが必要とされています。

認知症疾患の中でも最も有病率の高いアルツハイマー型認知症に対して、近年では薬物療法を用いることで、中核症状の進行を遅らせようとする試みが行われています。比較的早期に認知症性疾患を診断し、適切な薬物療法を導入することはきわめて重要です。しかし、認知症に対する根治療法は現時点ではまだ確立されていません。したがって、認知症患者への治療には、薬物療法と並行して、非薬物療法の介入が重要であると考えられています。

非薬物療法は、人間らしく生きる権利の回復を目的にしています。特に情緒を安定させることや身体機能を維持・向上させることで、間接的に認知機能の維持を目指した活動であるといえます。具体的な効果は以下の４点にまとめられます。

（１）　生活の中で活動性を高めることにより問題行動が改善する。

（２）　さまざまな活動を通して、楽しい時間を過ごし、感情体験をすることで、不安の軽減や焦燥感が減少する。

（３）　さまざまな活動を通して、自分自身を表現する機会や他者と交流する機会を増やし、コミュニケーション能力を促進する。これにより認知症高齢者の精神機能を活発化させ、自発性や意欲を向上させることにもなる。

（4）認知症高齢者が活動を通じて自分自身を表現することにより、介護者がその人の理解を深めることができる。

非薬物療法としては、回想法、リアリティオリエンテーション（RO：Reality Orientation）、音楽療法などが試みられています。非薬物療法により認知症の脳機能の障害そのものが改善されることはありません。しかし、これにより高齢者により健やかな日々の生活を過ごしてもらうことを目的としています。さらに、非薬物療法で高齢者の状態が向上することにより、介護者の負担の軽減、介護意欲や向上にもつながると考えられています。

回想法とは

回想法は、特に認知高齢者を対象に実施される対人援助法の一つで、回想を誘導する写真や音楽などを用いて高齢者が回想を行い、実施者が共感的、受容的な態度をもってかかわることで、心理的な安定や人生を肯定的に受け入れるを手助けするものです。回想法の対象は、認知症高齢者だけでなく、うつ状態や終末期にある人など、さまざまな人を対象に行われており、家族や夫婦に対して実施されることもあります。また、回想法は心理士、介護士、看護師、作業療法士などさまざまな職種のスタッフにより実施されています。

認知症の症状として、記憶が障害されることが多いため、認知症高齢者への回想法の実施は難しいと思われるかもしれません。しかし、認知高齢者のすべての記憶が失われるわけではなく、認知症の初期段階では、新しいことを覚えることは難しくなりますが，記憶を保持しておくことや，思い出すことについては症状が進行しても障害されずにいることが多いのです。特に，自伝的記憶の中でも，子どもの頃の体験のような比較的古い記憶は認知症高齢者でも残っている場合が多くあります。

回想法はその内容などから，ライフレビュー（Life review）とレミニッセンス（Reminiscence）の二つにわけることができます。ライフレビューは治療の一環としておこなわれ，高齢者が過去を振り返り，自分の人生の意味を考えることを目的としています。ライフレビューは，治療者が高齢者の一人ひとりの問題をさまざまな視点から理解し，話を傾聴することからはじまります。高齢者のこれまでの生きてきた過程の中に，問題解決への手がかりがあり，自己治癒力を最大限に高めるために回想法を行います。それに対し，レミニッセンスはライフレビューよりも広義なもので，より自然なかたちで過去を思い返すことをいいます。レミニッセンスは，認知症高齢者の情緒の安定や残存機能の活性化，そして日常生活の中でより楽しい時間を過ごしてもらうことを目的に，高齢者医療福祉の現場でアクティビティの一つとして広く取り入れられています。

また，回想法は大きく分けて，1対1で行う個人回想法と，10名前後の集団で行うグループ回想法があります。個人回想法は，実施者は個々の高齢者が回想されたことをしっかりと聴いていくことが求められます。グループ回想法では，参加者同士の相互交流を目標としており，実施者はメンバー間の橋渡し役となります。さらに，グループ回想法では，「子どもの頃の遊び」や「学校行事」「ふるさと」「戦争」など，毎回テーマを設定し，そのテーマに沿った出来事を高齢者に思い出してもらいます。そこではテーマにあった道具や音楽，写真などのなつかしさを感じさせる材料が使われます。なつかしい道具を用いることで，音楽であれば聴覚，写真であれば視覚など，五感が刺激され，具体的な回想の促進に役立ちます。

私たちが日常生活の中で思い出すことのない記憶は，人に出会ったり，写真を見たり，その場所に立つなどにより，思い出すことができます。しかし，病院に入院していたり施設に入所している高齢者の場合，そのような環境からは遠く、昔から知っている知人と出会う機会も少なく、写真をすぐに目にすることもできません。また、病院や施設の構造は機能性を重視してつくられているために、子どものころに慣れ親しんだような家の雰囲気を感じることもできません。高齢者によっては自分が一番生き生きしていた時代と現在の世界が大きくかけ離れてしまっているかもしれません。このような状況では、それを求められない限り、昔を思い出すことはとても難しい作業です。そのような場合、実施者による声かけや励まし、過去を思い出すきっかけとなるような写真や道具、雰囲気をつくりだすことが重要であり、それが過去とのつながりをもつための刺激となります。

回想法の効果

高齢者を対象とした回想法には個人の内面への効果と対人関係など社会的側面への効果があるとされています[10]。前者は、①過去からの問題の解決と再統合を図る、②アイデンティティの形成、③自己の連続性の確信、④自分自身を快適にする、⑤死への不安を和らげる、⑥自尊感情を高めるなどが挙げられ、後者では、①対人関係の進展を促す、②生活を活性化し、楽しみを作る、③社会的習慣や社会的技術を取り戻し、新しい役割を担う、④世代間交流を促す、⑤新しい環境への適応を促すなどがあります。

さらに、特に認知症高齢者を対象とした回想法の効果としては、①情動機能の回復、②意欲の向上、③発語回数の増加、④表情などの非言語的表現の豊かさの増加、⑤集中力の増加、⑥抑うつや不安、徘徊などのＢＰＳＤ（行動・心理症状）の軽減、⑦社会的交流の促進、⑧他者への関心の増大の八つの効果があるとしています。

上記の効果のほかにも、回想法は認知機能を維持・向上させる効果があるとされています。認知機能とは、覚える（記憶）、考える（思考）、決める（判断）といった能力をいいます。アルツハイマー型認知症患者に３カ月間のグループ回想法を実施した結果、認知機能の中でも、特に言語の流暢性について改善が見られました[20]。また、デイケアに参加する認知症患者にグループ回想法を実施した結果、デイケアのみに参加する高齢者に比べ、デイケアに回想法を加えて実施した高齢者は認知機能が向上したと報告されています[7]。これに加え、回想法の実践研究として、軽度アルツハイマー型認知症患者に、6カ月間、回想法を中心としたリハビリテーションを行ったところ、参加者の不安や焦燥感が減少し、自発性や自信の回復が認められました[11]。

さらに、回想法は、認知症高齢者だけでなく、回想法実施者など支援するスタッフにも効果があると考えられています。回想することは、誰かに情報や知識を伝えることにもなります。日常生活が困難になり、会社で働くことや家庭を支えるといった、社会的な役割を失った高齢者にとって、回想を用いて自分より若い世代の実施者に何かを伝えたり、教えたりできることは、高齢者に役割を与えることにつながります。また、それを聴くスタッフにも、高齢者を理解するきっかけを与えることになります。そして、これにより高齢者を単なる認知症患者としてではなく、長い年月を生きてきたひとりの人間として捉えなおすことが可能になるのです。この点で、回想は実施者と高齢者の両者にとって有用なものであるといえます。

回想法の問題

上述のように回想法の効果を示す先行研究は多くありますが、一方で、その有用性や効果の範囲については、必ずしも一貫した見解は得られていません。回想法は、認知症高齢者へのサポートとして、最も広く用いられている対人援助法にもかかわらず、これまで回想法の効果に関する検討が不足していることから、回想法の効果の根拠が十分でないと指摘されています[12]。回想法は、実施者の職種や場所を問わずさまざまな形で行われる非常に実施しやすい援助方法ですが、それ故に実施者がその効果を理解していかなければなりません。回想は個人によりその内容もそこから生じる感情も異なるため，効果の検証は困難ですが，安定した効果の獲得のために，回想法の実施の際の一定のルールと効果の根拠となるものが必要です。

回想法を実施する際に起こりうる問題として，回想はポジティブな経験を追体験するだけでなく，時に不安や葛藤，抑うつ的な状態を誘発するなど，回想される記憶内容により，心理的に不安定な状態を引き起こすことが考えられます。ライフレビューを目的とした回想法を行う場合は，高齢者にとって未解決の過去の出来事やネガティブな出来事を扱うことで，自我の統合などの効果が得られると考えられます。しかし，レミニッセンス，つまりアクティビティの一つとして回想法を実施する場合，その目的は高齢者に楽しい時間を過ごしてもらうことで，ネガティブな記憶や感情を呼び起こすことは必要でないこともあります。

また，回想法は一定の手続きが確立されていないことも問題として挙げられます。たとえば，認知症高齢者の二つのグループに対し，異なる実施者が同じ枠組みで回想法を行ったところ，実施者により，その効果に大きな差が認められました[5]。効果に実施者の技量が大きく影響することは，一定の効果を保証する上では問題であると言えます。

さらに，回想を促す刺激として音楽などの材料を使用する場合，その選択は実施者の経験から決められることが多いのが現状です。それ故，回想内容だけでなく，使用する材料によっても，ネガティブな感情や，不安定な状態を引き起こす恐れがあるのです。たとえば，軍歌は戦時中を思い起こさせますが，ある人にとっての戦争体験は，現在の自分を形成する重要な経験であっても，他の人にとってはネガティブな出来事でしかないことがあります。また，音楽を使用する場合には，高齢者の背景などを的確に捉えていなければ，単なる音楽鑑賞になってしまい，会話へと展開しないことがあります[10]。

これまで，回想法研究では，上述したような，実施者の資質や，使用した道具，回想内容などの効果評価はほとんど行われていません。それでは，回想法をより効果的に実施するためには，どのような点に着目すればよいのでしょうか。回想法をより効果的な援助法とするには，回想法のどの側面が，どのような効果をもたらすのかを検討する必要があります。

なつかしさを用いた回想法

これまでの研究では，回想法の効果について，一貫した成果が得られていません。そこで，回想法の実施において，なつかしさを意図的に用いることにより，より安定的，効果的な回想が可能になると考えられます。

なつかしさは，あらゆる年齢の人びとに関連するものであり，人生のいたる所に存在する感情的な経験です[14]。また，なつかしさは記憶や気分にも影響を与えることが確認されています。これまで述べたなつかしさに関する研究から，以下のような回想法への応用が期待できます。

自伝的記憶の活性化

回想法を実施する際，高齢者が適切に回想できなければ，その効果はあまり期待できません。また，実施者が個々の判断で材料を選択すると，回想がうまく引き起こせないといった問題も起こりえます。前述のように，なつかしさの喚起により，自伝的記憶がより速く，より多く想起されることが明らかにされています[1)(8)(16)(17]。そこで，音楽や写真などの材料を用いて，高齢者のなつかしさ感情を喚起させることで，記憶を活性化させ，効果的に回想を誘導できると考えられます。

さらに，瀧川[17]の研究から，なつかしさが喚起されると，なつかしさを感じる時期の記憶が活性化される一方で，なつかしさを感じない時期の記憶は抑制され，うまく想起できなくなることも予想されます。つまり，実施者が選んだ材料で，かえって回想を妨げることが考えられます。そこで，〝なつかしい〞道具や〝なつかしい〟材料といった、ある一定の基準を設けることで、実施者の材料選択の助けとなり、高齢者も回想が行いやすくなると推測できます。

回想の誘導

グループ回想法では小学校の頃など、ある特定の時期の出来事をテーマにして回想を促すことがあります。回想を促進させるように音楽や道具などさまざまな材料が利用されますが、そこでもなつかしさ研究の成果を活かすことができます。瀧川の研究により、人がある対象になつかしさを感じるとき、その対象が流行していたころの記憶を活性化させるのではなく、その個人が対象と最も接していた時期の記憶が活性化されることが明らかになっています。このことから、個人個人の背景をしっかりと把握していなければ、実施者のねらいとは異なる回想が生じることになります。しかし、なつかしさをうまく利用することにより、実施者の意図に沿って回想させることも可能になると考えられます。

なつかしさの機能と回想法の効果の類似性

回想法の問題として、効果評価が十分になされておらず、回想法のなにがどのような効果をもたらしているのか明確でないことが挙げられます。**表6-2**は、なつかしさの機能と回想法の効果をまとめたものです。この表を見ると、回想法の効果の一部は、なつかしさの機能と重複していることがわかります。なつかしさと回想法の二つの効果はそれぞれ「自己」「社会」「認知」の三つのカテゴリーにわけることができ、それぞれがこの三つの側面にポジティブな影響をもたらしていることがわかります。

回想法ではしばしばなつかしい思い出を語ることや、実施者が道具を用いてなつかしさを喚起させることがあります。このことから、回想法の効果にはなつかしさを感じることで生じる効果が含まれていることが推測

表 6-2　なつかしさ機能と回想機能の類似性

	なつかしさの機能	回想機能
自己機能	人生の意味づけ	死への不安の軽減
	セルフ・アイデンティティ（自己同一性）	アイデンティティの形成，自我の統合，自己の連続性の確認
	自己肯定感の維持・向上	自尊感情の向上
社会機能	社会的絆の強化	社会的交流の促進，対人関係の進展，世代間交流，他者への関心の増大
認知機能	記憶の活性化	発語回数の増加 認知機能の維持・向上
	ポジティブ感情	情動機能の回復，情緒の安定

されます。また、なつかしさに焦点を当てた回想を行うことで、より的確に回想法の効果を導き出せると考えられます。たとえば、他者との関係形成は、なつかしさの機能と回想法の効果の両方に含まれているものです。高齢者施設や病院では一人で生活している高齢者が多く、家族や社会から離れて過ごすことで、孤独感を感じる高齢者も多くいます。そこでグループ回想法を実施する際、なつかしさを意図的に用いることで、他者とのコミュニケーションが円滑化され、それと同時に、なつかしい記憶を共有することで、他者とのつながりを感じることができるのではないでしょうか。

さらに、なつかしさは、ポジティブな感情を高め、想起した過去の体験を肯定的に再評価させる働きがあるといわれています[1][8]。回想法でなつかしさ感情を用いることにより、ポジティブ感情の喚起と記憶を思い出すことで生じるネガティブ感情の抑制も可能になると予想できます。また、想起内容へのポジティブな評価は、精神的健康にもポジティブな影響をもたらす可能性も考えられます。

まとめ

認知症高齢者の援助手段として広く用いられる回想法について、なつかしさの効果を検討し、それを用いた実施法を開発することは、医療福祉に大きな貢献ができることが期待されます。北名古屋市回想法センターでは実際になつかしさを用いた回想法に取り組んでいます。センターでは、古いタライや洗濯板といったなつかしさを喚起させる昔の生活道具を、回想の手がかりとして用いることで、回想法の効果を高めようと試みています。回想法を実施するにあたり、昔から使い慣れた物や雰囲気は高齢者に安心を与えると考えられます。また、北名古屋市には国の登録有形文化財に登録されている旧家があり、そこには昔の生活様式が残されています。道具だけでなく、このような場所も回想法を効果的に行う上で有用な資源であるといえます。以上のことから、将来的には、なつかしさをツールとして用いた、より効果的な回想法のアプローチが期待できるでしょう。

第7章 なつかしい記憶となつかしくならない記憶

1 なつかしい思い出

私は今、事件や事故の被害者、目撃者となった子どもから、どうすればより正確に、よりたくさん、出来事の報告をしてもらえるかを研究しています。語るのはつらいことかもしれませんが、詳細に報告してもらうことで、適切な対応をとることや、事件や事故を解決することが可能となります。けれども本稿では、この現実的な問題からしばし離れて、淡い過去の、どちらかといえば暖かい、なつかしい記憶に目を転じてみたいと思います。事件や事故の記憶もやがては（なつかしいとはいえずとも）「思い出」となってくれることを願って……。

場所の思い出

誰にとってもなつかしい記憶といえば、自分が生まれ育った家の記憶でしょう。私は小学校二年生のとき、九州の山の麓の祖父母の家にあずけられていたことがあります。住んでいたのは半年だけでしたが、今でもその家の様子をありありと思い浮かべることができます。

平たい岩を渡した橋を渡ると入り口に柿の木のある、白い砂の庭に入ります。左右に百日草や千日草が咲く花壇の間を通って引き戸の玄関に入ると、コンクリートを打った土間があり、土間を介して左側は畳の部屋、右側は建増しした洋室がありました。土間を奥に進むと台所です。昔使っていたかまどがあり、その向かいには流しがあって、流しの横の水槽にはスイカが冷えていたりしました。

今でも目を閉じて家の中をぐるりと周り、大きなクモのいる五衛門風呂や、古いタンスのある和室、二階に上る急な階段、縁側を通っていくトイレなどを思い浮かべることができ、そこに瞬間移動してみたい気持ちにかられます。そして、今は亡き祖父母に会ってあれこれ最近のことを話してみられたら！　と思います。

それはともかく、大学生になった頃、この祖父母の家にしばらくぶりに遊びに行ったことがありました。そのときに感じたこととして、あらあら、なんと小さいことか。広いと思っていた庭も、大きいと思っていた土間も、台所も、なんとなく小さく、煤っぽくなっていました。実際、建物が古くなってしまったからかもしれません。私の身長が（相対的には小さいのですが）伸びたせいかもしれません。あるいは私が大人の目線になって、広く全体を見回せるようになったからかもしれません。けれども、いずれにしてもこんなに狭かったかなと不思議に思ったことがありました。

その後、私は大学院に進み、心理学の教員になりました。ちょうど卒論生が同じような問題に関心をもち、いっしょに以前住んでいた場所の記憶を調べてみることにしました。

面積の記憶——記憶の中で面積は小さくなる？

実験室研究では、私たちが感じる（知覚する）ものの大きさは、客観的な大きさとは異なっていることが知られています。たとえば実験参加者（実験に協力してくれる人）に大きさが10㎠の図形（標準刺激）を見てもらった後、20㎠の図形（比較刺激）を見てもらったとします。そして、標準刺激を1としたとき、比較刺激はどれくらいの大きさかと尋ねると、実験参加者は（実際の大きさは2倍なのですが）2倍よりも小さい値を返すことが一般的です。「知覚される大きさ（Y）」と「実際の大きさ（X）」の関係性は、次のような式で表わされます。aは定数、nは指数です（これをスティーヴンスのべき法則といいます）。

$$Y=aX^n$$

単純化するために、仮に$a=1$としておきましょう。面積の場合、nは1よりも小さい値をとることが知られています。$n=1$であれば、10㎠の刺激を1とした場合、20㎠、30㎠の刺激は2倍、3倍となりますが、n=〇・八であれば、20㎠、30㎠の刺激が10㎠の刺激の一・七倍、二・四倍と感じられることを表わしています。実際の値よりも圧縮されたかたちで知覚されている、といえるでしょう。

では、記憶の中の大きさはどうでしょうか。ケンプ[(2)]は次のような実験を行いました。実験参加者に図形を提示し、単に知覚した場合、およびその面積を2分後、90分後、1週間後に思い出してもらった場合のnの大きさを調べます。その結果、nの大きさは、単に知覚した場合は〇・八二、記憶し思い出す場合は、2分後で〇・六七、90分後は〇・六五、1週間後は〇・五四となることがわかりました。つまり、思い出すまでの時間が長くなるほど圧縮の度合いが大きくなるということです。物理的には2倍の大きさは、2分後に思い出すと一・五九倍、90分後は一・五六倍、1週間後は一・四五倍の大きさとして思い出されることになります。単純に考えると、実際の大きさよりも小さいものとして記憶されているということです（より正確にいえば、1により近づくということになります）。

けれども、そうだとすれば、実物を再度見せられると「あらあら、もっと小さいと思っていた（記憶していた）のに実際はもっと大きかったのね！」となるのではないでしょうか。「思ったよりも小さかった」という体験は、たまたま私が感じただけの特異な体験だったのでしょうか。

2　最初の調査——中学生と卒業生の記憶

調査の計画と予測

「面積が小さくなる」ということに関し、ケンプは次のような可能性を挙げています。記憶は時間とともにだんだんと曖昧になり、確信がもてなくなってくる。そのために面積を「小さいもの」として過小評価してしまうのではないか、というのです。この考え方によれば、もしかすると、昔住んでいた馴染みの場所については、逆のことが起きるのかもしれません。あれもあった、これもあった、ここはこういうふうになっていた……。馴染みのある家には、いろいろと思い出せる事物や場所があります。こうやって思い出すうちに、イメージが膨らみ、空間も大きくなって、そのために実際見てみると「実はこんなに小さかった」と感じるのかもしれません。実際、距離を推定する場合、繁華街のような交差する通りの多い道路と、少ない道路とでは、同じ長さでも前者のほうが長く推定されるという研究があります。[10]

そこで調査をしてみようと思ったのですが、問題にぶつかりました。それは、小さい頃住んでいた家は個人によって物理的な大きさも違うし、住んでいた長さも違っていて条件がばらばらだ、ということです。そこで、皆が通う中学校キャンパスの記憶を調べることにしました。中学校キャンパスの記憶であれば、卒業してからの年数を揃えることができますし、在校生の記憶と比較することもできます。さらに、所属していた部活動を尋ねれば、特定の場所にどの程度馴染んでいたかを推定することもできます。野球部やサッカー部に属し、日々朝練や試合に励んでいた元部員たちは、校庭や外回りのことをよく覚えているのではないでしょうか。これに対し、日々合唱や美術や演劇の練習にいそしんでいた元部員たちは、校舎のことをよく覚えているかもしれません。

まず、事例検討的に、ある中学校の卒業生と在校生に中学校のキャンパス（配置図）を思い出して描いてもらうという調査を行いました。[4] 卒業生は7年前に卒業した人たちです。3人は校庭での部活動をしていた人たち（これを外系とします）、4人は校舎内で行う部活をしていた人たちでした（これを内系とします）。在校生は11人が外系、20人が内系でした。調査の方法は、用紙に鉛筆でキャンパスの絵を描いてもらうというものでした。

この中学校の配置図を**図7-1**に示します。図に示されているように、中学校には（時計回りに見て行きますと）自転車置き場、教室棟、焼き物小屋、職員棟、第一体育館、プール、第二体育館、そして運動場がありました。これらの「主な施設」の他、**図7-1**には描かれていませんが、駐車場、テニスコートなどの細かい「周辺的事物」があります。

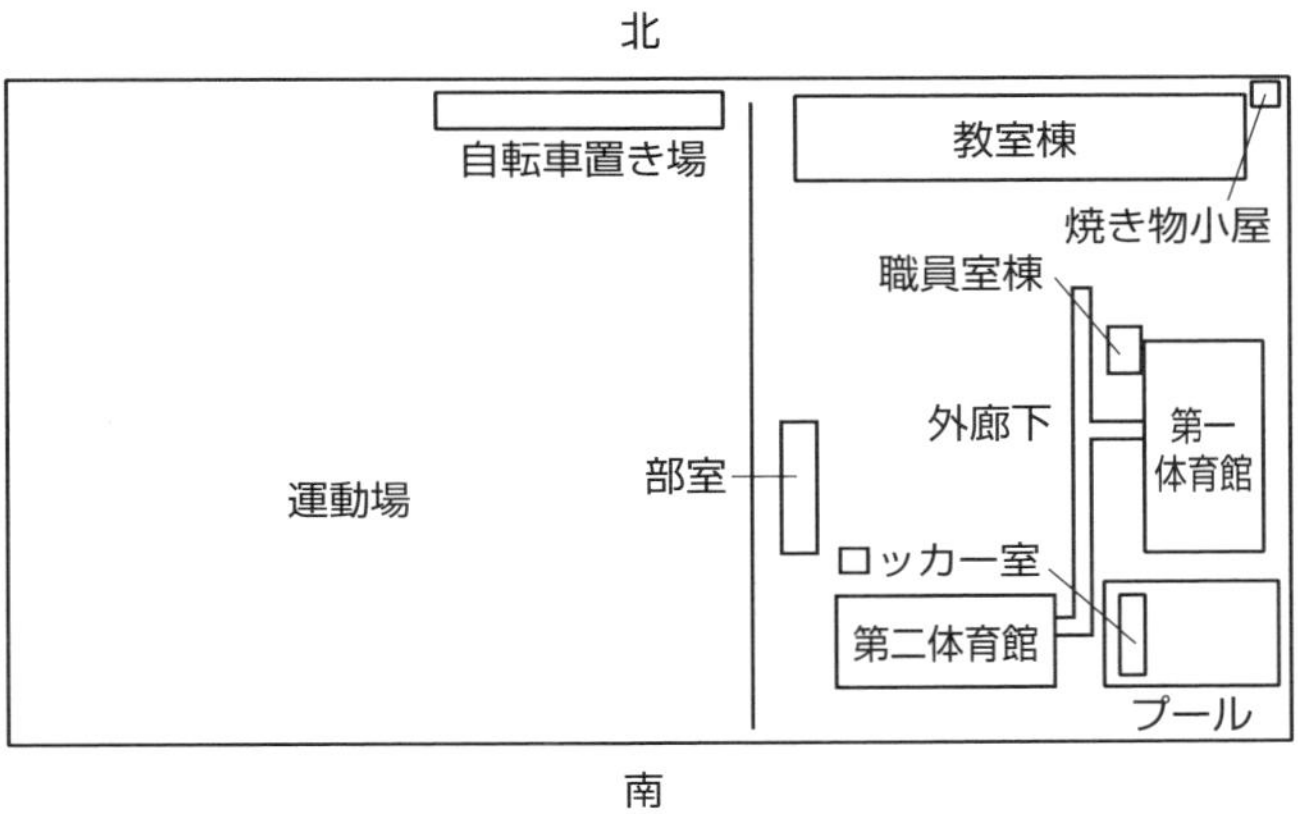

図7-1　調査1の中学校のキャンパス

卒業生、特に運動部の人たちの特別な記憶

さて、卒業生、在校生に描いてもらった絵から、①施設や事物の数、②校舎を1とした場合の、他の施設の面積、③絵の向き（どちらを上に書いているか）を調べ、データとしました。絵の向きを調べたのは、描いた人の視点を調べるのに役立つと考えたからです。人は地図を見るとき、自分を地図の中央下に位置させることがよくあります。地図がどの向きで描かれるかを見ることにより、描いた人がその場所をどのような視点から見ているかがわかると考えました。

その結果、①の「主な施設」については、**図7-2**で示すように、卒業生と在校生では差はありませんでした。ただし、外系の人のほうが、内系の人よりも多くの施設を挙げていました。一方、「周辺的事物」は、在校生よりも卒業生のほうが多くの事物を挙げていました。正確かどうかは別として、記憶は必ずしも時間とともに消えて行くだけではないようです。

次に②「主な施設」の面積を調べました。校舎の面積を基準とした場合の、他の施設の実際の面積を横軸に、描かれた面積を縦軸に描いたのが、**図7-3**です。在校生と内系の卒業生は

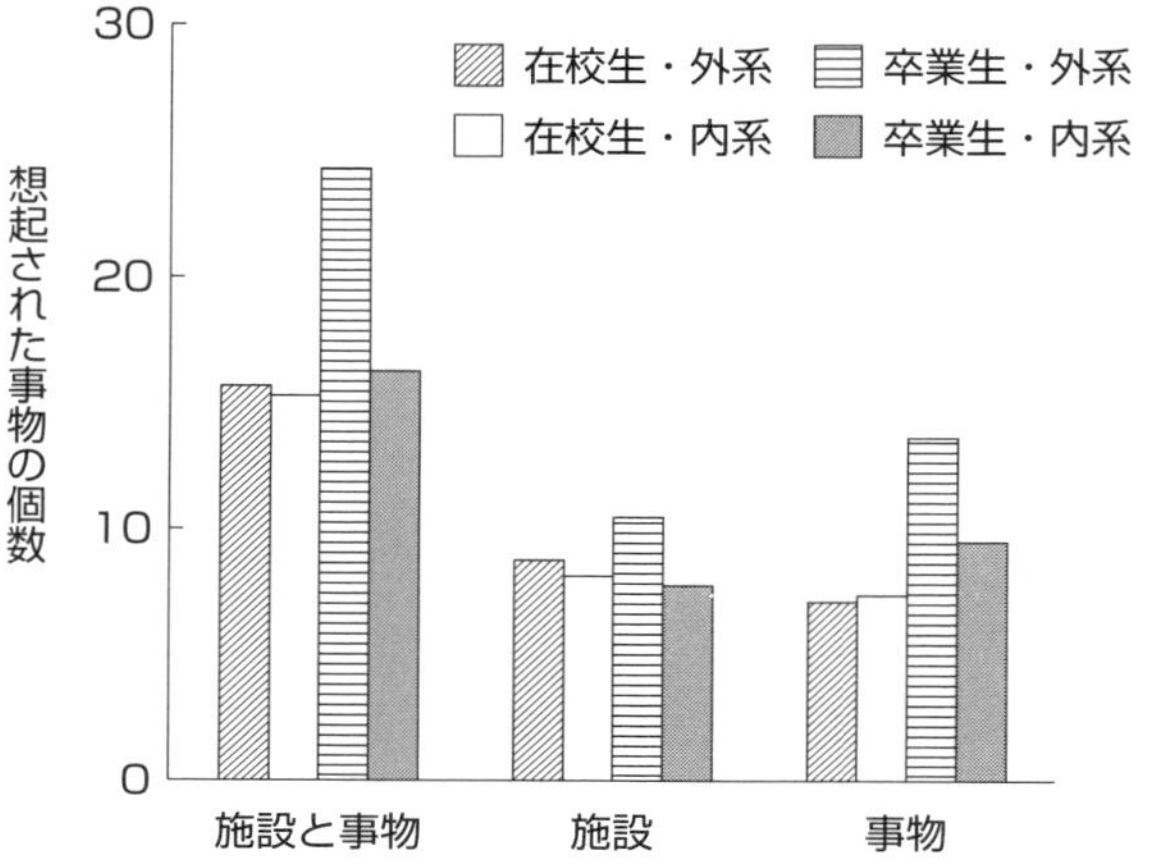

図７−２　調査１：想起された施設と周辺的な事物の個数

全体として面積を過小評価する（校舎を過大評価している）のに対し、外系の卒業生は実際の面積とほぼ同じように想起していることがわかりました。つまり、外系の卒業生は、内系の卒業生や在校生に比べ、校舎以外の施設を大きいものとして描いています。なお、ケンプが調べたnの大きさは〇・六七（2分後）、〇・六五（90分後）は〇・五四（1週間後）でしたが、ここでのnの大きさは外系の卒業生が〇・九七、内系の卒業生が〇・七五、外系の在学生と内系の在校生はともに〇・八一でした。中学校キャンパスの面積は、実験室のようには圧縮されず、「知覚される大きさ」よりも「大きく」記憶されているといえます。これが実物を見たときに「小さく感じる」理由の一つかもしれません。

ところで、外系、内系によらず共通して思い出された施設・事物は、在校生では41個、卒業生では31個でした。卒業生では共通項が少なくなっているといえます。さらに思い出された事物のうち、校庭にあったものと校舎内にあったものの個数の相関を調べたところ（相関とは一方が多いと他方も多い、または一方が多いと他方は少ない、といった関係性を−1から1までで表わす統計量のこと）、在校生での相関は.93であったのに対し、卒業生での相関は.66でした。在校生の方が校庭の事物も校舎

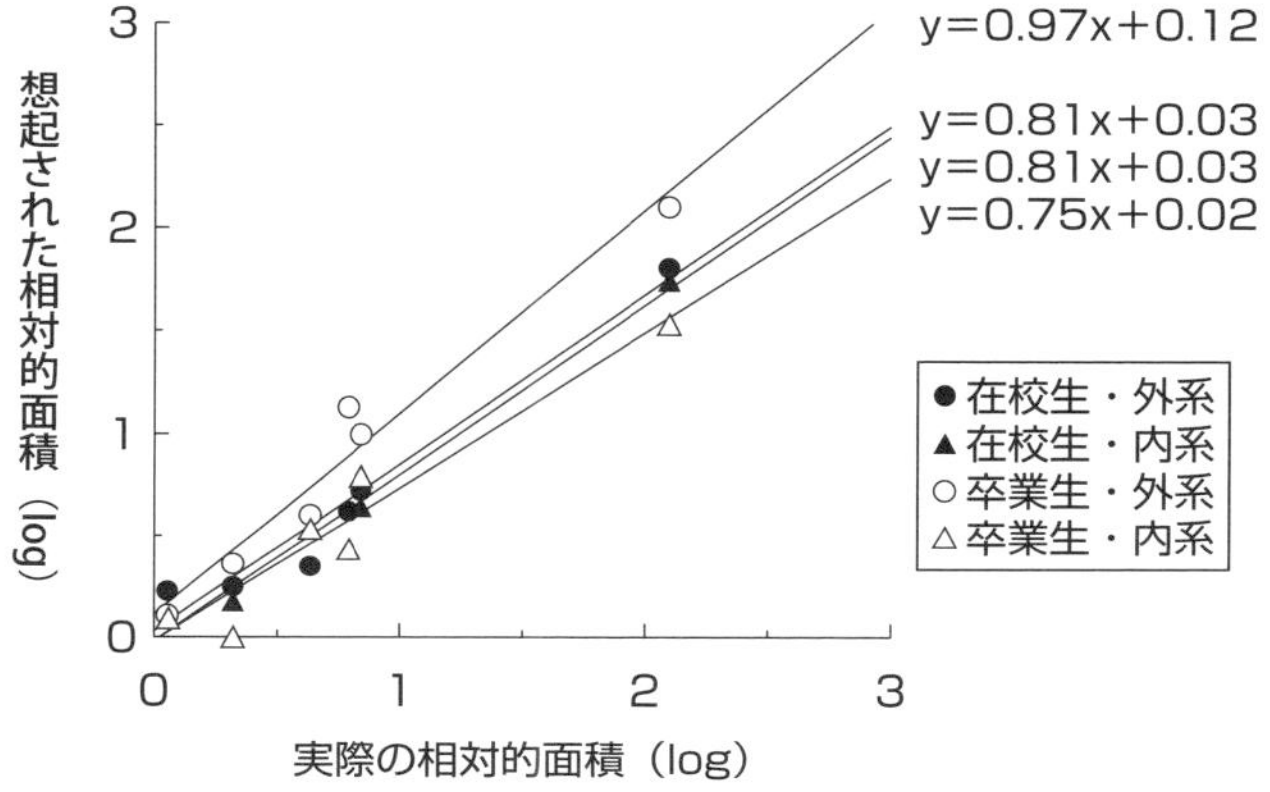

図 7-3　調査 1：想起された学校の施設の相対的な面積

内の事物も偏りなく思い出しているといえます。卒業生は馴染みのある事物をよりよく思い出したのかもしれません。

また、③の絵の向きですが、外系の卒業生は全員が運動場を下に、ちょうど自分が運動場に向かって立っているように描いていました。これに対し内系の卒業生は、全員が校舎を下に、校舎に向かうように描いていました。在校生は約半数が校舎を下に描き、あとはばらばらでした。在学時にはおそらく同じようであった場所の記憶も、7年の時間を経て、外系の人と内系の人とで変わってしまうのでしょう。人は、知覚したものをそのまま単純に保持しているのではないと推測されます。

最後に、描かれた事物と描かれた施設の面積と個数の関係性を調べてみました。その結果、第一体育館、第二体育館、運動場において、描かれた事物が多ければ多いほど、その面積も広いという正の相関が見られました。これもあった、あれもあったと事物をたくさん思い出せば、それだけ面積も広がるという説明もあながち的外れではないように思われます。ただし、この調査は事例調査的であり、特異な記憶を見せた外系の卒業生もわずか三人でした。そこでもっと多くの人たち、そしてもっと長い期間を通じて、思い出される事物と面積との関係を調べてみることにしました。

3　さらなる調査――思い出の中の事物と面積の関係

24年前の記憶

ある中学校の先生方、そして卒業生の方々にお願いし、調査をさせていただくことにしました。先の調査もそうですが、快く調査に応じてくださった卒業生の方々にはお礼の言葉もありません。

さて、この調査に協力してくれた卒業生は卒業したのが1年前、4年前、9年前、14年前、19年前、24年前の計158人でした。外系は64人、内系は94人でした。方法は先の調査と同じように、中学校の配置図を描いてもらうというものです。また、中学校を後に訪れたときにどのように感じたかを「前と同じ」「前よりも広く感じた」「前よりも狭く感じた」「前よりも明るく感じた」「前よりも暗く感じた」「前よりも大きく感じた」「前よりも小さく感じた」から一つ、または複数選んでもらいました。

図7-4左は、実際のキャンパスの様子です。主たる施設として、時計周りにプール、教室棟、体育館、校舎があります。

結果を見てみましょう（**図7-4**右に描かれたキャンパスの一例を示します）。描かれた校舎や校庭の面積や描かれた事物の個数、そして確信度や印象が外系と内系で異なるのか、また、卒業してからの年数により異なるかを検討しました（ただし、19年前と24年前の卒業生は数が少ないので、まとめて分析しています）。まず面積ですが、校舎は1～4年前群よりも14～24年前群の方が大きく描いていました。一方、校庭は1～9年前群よりも14～24年前群の方が小さく描いていました。卒業してからの年数が経つに連れ、卒業生は校舎をより大きく描くようになったといえます。ただし、外系の卒業生が描いた校庭の大きさは、内系の卒業生が描いたものよりも大き

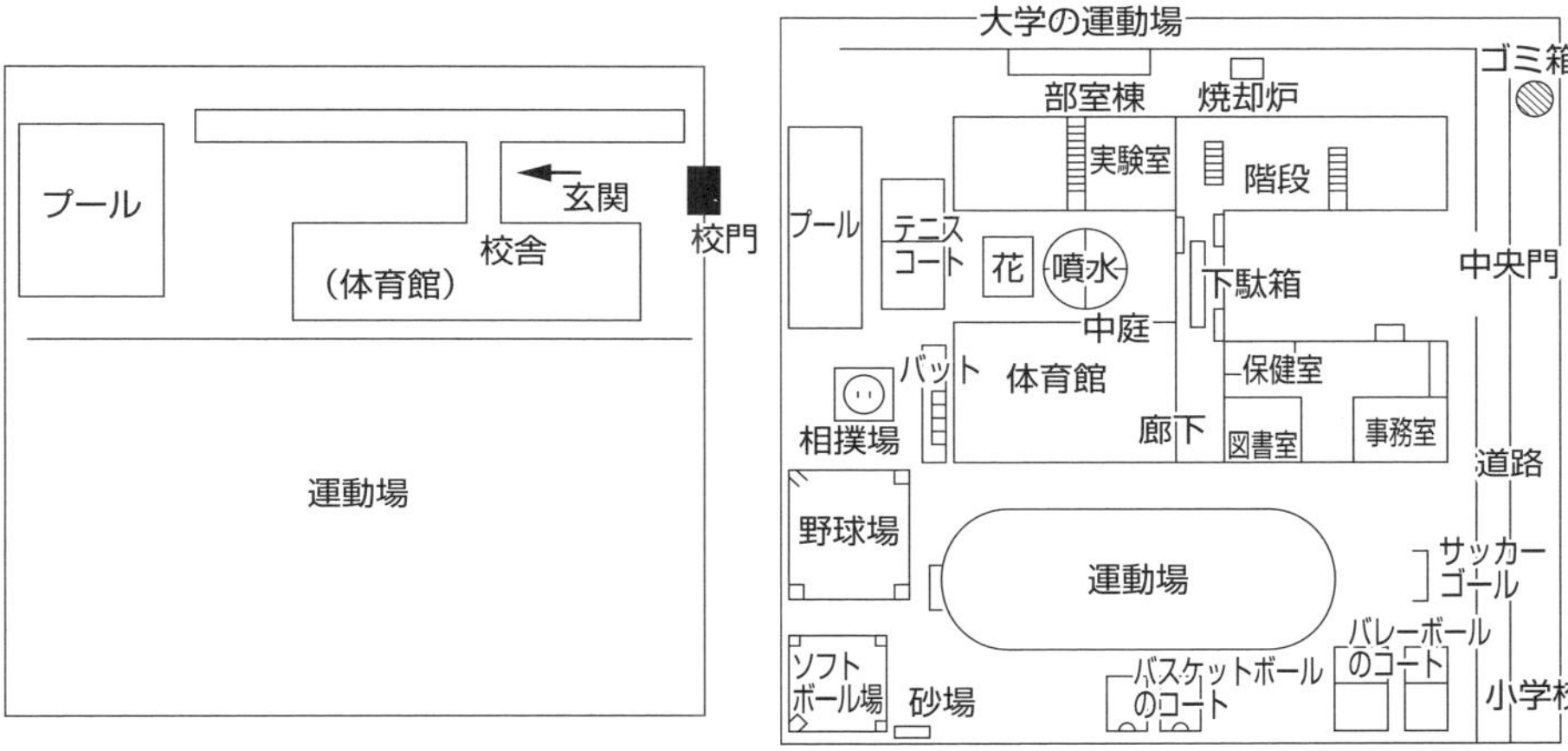

図 7-4　調査２：中学校の実際のキャンパス（左）と想起されたキャンパスの例（右）

く、小さくなる度合いが少ないという結果が見られました。

事物の個数についても同様の結果が見られました。つまり、校舎内の事物は１年前群よりも４～24年前群が多い傾向にあり、校庭の事物は１～４年前群の方が９～24年前群よりも多く描いていました。また、外系の人の方が内系の人よりも校庭の事物を多く描いていました。事物の数と面積の相関を調べたところ、プールと運動場について、想起された事物が多いほど面積が広いという結果が見られました。20年以上前に卒業した中学校であっても、思い出はむしろ詳細になっていくところに記憶の不思議さがあります。

なお、１５８人の卒業生のうち１４８人が中学校を再訪していました。そのときの印象は、半数が「変わらない」としたものの、変化を報告した人は「狭くなった／小さくなった」という人が「広くなった／大きくなった」よりも有意に多く、それは１カ月前に卒業したばかりの卒業生でも同じでした。

事物を思い出すと面積は大きくなるのか

時間がたっても校舎の中にあった事物の個数は減らず、むしろ多くなる傾向があったこと、外系の卒業生は内系の卒業生よりも校庭に多くの事物を描き、かつ、面積も小さくなりにくかったことを思うと、なつかしい場所というのは、多くの事物を含み、面積も単純に小さくなるとはいえないのではないか、と思えます。とはいえ逆の可能性、つまり、たまたま面積を広く描いたためにあれもあった、これもあったと思い出して事物を書き込んだという可能性も捨てきれません。

そこで、今度は新たな186人の大学生に協力を願い、事物を思い出すことが、中学校の配置図の描き方に及ぼす影響を調べることにしました。

まず、これまでの調査と同様、卒業した中学校の配置図を描いてもらいます。次に186人を3グループに分けます。第一のグループの人たちには、校舎にあった事物を最大20個、思い出して（言葉で）リストにしてもらいます（これを校舎群とします）。第二のグループの人たちには校庭にあった事物を最大20個、同様に思い出してもらいました（校庭群）。第三のグループの人たちには中学校以外の近所にあった事物を最大20個、やはり思い出して書いてもらいました（近所群）。

読者の皆さんはどのような記憶を思い起こされるでしょうか。校舎であれば、1年のとき、2年のとき、3年のときの教室、図書室、音楽室、理科室、職員室……などでしょうか。私は美術部だったので美術室なら詳しく思い出せます。石膏のビーナス像や立体のオブジェなどがありました。校庭に関する記憶、と言われれば、テニスコートやサッカー場、ドッジボールのゴールや朝礼台などが思い浮かぶかもしれません。

実験の話に戻りましょう。上記のように事物を言葉で思い出してもらった後、再度、中学校の配置図を描いてもらいました。事物を思い出すことが面積を大きくするのならば、校舎群では校舎の、校庭群では校庭の面積が大きくなると予想されます。

結果を**図7-5**に示します。校舎の面積は、校舎群では一度目に比べ二度目で大きくなり、他の2群では小さくなっていました（ただし、この結果は統計的に有意ではありませんでした）。一方、校庭は、予測通り、校庭群で

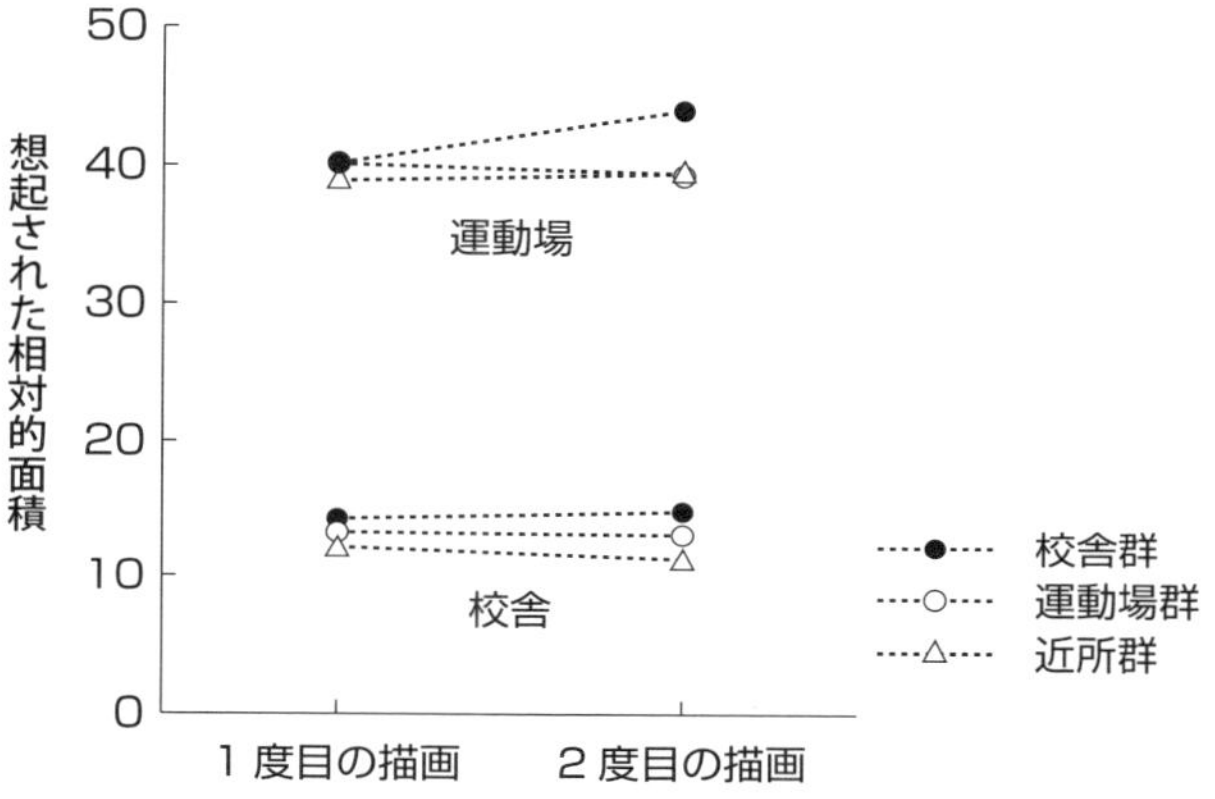

図 7-5　調査 3：想起された相対的面積

の面積が一度目よりも二度目で有意に大きくなり、他の2群では変化は見られませんでした。

なお、この調査でも、中学校を再訪したときの印象を尋ねました。その結果、半数は「変化なし」と答えましたが、変化があった人たちでは、「小さくなった」と感じる人が「大きくなった」と感じる人よりも多いという結果でした。

心の中の思い出の場所は、人それぞれかもしれません。教室や校庭よりも、おしゃべりにこうじた中庭のベンチや、初恋の人を待っていた玄関が最も心に残っている、ということもあるかもしれません。けれども全体としていえば、思い出の場所は心の中で小さくなりにくく、たくさんの事物が思い描けるほどその傾向は大きいといえそうです。そして、再訪した思い出の場所は「大きい」というよりは「小さく感じる」ということのほうが多いようでした。

九州の家のこと

数年前、九州の祖父母の家を訪れる機会がありました。それは、祖父母共々亡くなってそのままになっていた廃屋を放置しておくことはできないため、取り壊す前の準備に行ったのでした。がらんとして薄暗く、床や壁は泥やほこりにまみれ、見る影もありません。不思議なことに「小さく感じる」という想いも、懐かしいという思いもあまり起きませんでした。

あのときどうして写真を撮ってこなかったかと後悔するのですが、でも、写真がなくてよかったようにも思います。目を閉じれば、廃屋の状態を飛び越えて、再び昔の家に戻ることができるからです。祖母が薪をくべて例の五衛門風呂を沸かしてくれたこと、裏の小屋で飼っていたヤギのこと、小川の引き込みの洗い場で野菜を洗ったりしたことなどが今でも鮮やかに目に浮かびます。その中で場所はどんどん広く、大きくなるのですが、今となってはもう「小さい」と感じる「実物」がないのが残念です。

4　なつかしくならない記憶

心を占めるネガティブな出来事

かつて親しんだ場所は、「実物」そのものではなく、時間とともに変化し、また外系であったか内系であったかにより異なるものとなっていました。これらの場所はできれば再び行ってみたい、心温まるなつかしい場所です。けれども常に思い浮かび、心を占領するものではありません。思い出したいときに呼び出して感慨に耽り、そして癒された気持になって現実に戻ることを助けてくれる記憶です。楠見らは、過去に頻繁に経験したことと、その後の長い「空白期間」によってなつかしさが引き起こされるとしています。[3] この「中心的ではない」「空白期間がある」というところがなつかしさの重要な要件であるのかもしれません。

これに対し、常に心に覆い被さり、追い払っても追い払っても現れる、心を脅かすつらい記憶というものがあります。かれこれ20年来の友人であるルービンは、自伝的記憶（自己に関わる思い出や知識）の研究者ですが、こういった外傷的な記憶について調べました。ルービンとバーントセンが作成した「出来事の中心性尺度」を見てみましょう。[9]これは、次のような教示と七つの質問から成ります。

「あなたの人生における最もストレスフルな、あるいは外傷的な出来事を思い返し、誠実に、真摯に下記の質問にお答えください。回答は、1（まったく違う）〜5（まったくその通り）のうち最もよく当てはまるものに○をつけてください」

①この出来事は、私のアイデンティティの一部になった。
②この出来事は、私が自分や世界を理解する際のレファレンスポイント（基準点）となった。
③この出来事は、私のライフストーリーの中心になった。
④この出来事は、他の体験についての考え方、感じ方に影響を与えている。
⑤この出来事は、私の人生を永久に変えた。
⑥この出来事が将来に及ぼす影響について、しばしば考える。
⑦この出来事は、私の人生のターニングポイント（転換点）となった。

この尺度の得点が高いということは、常にストレスフルな出来事の記憶が心にかかり、それ以外のことは考えにくい状態にあることを示しています。実際、その得点はＢＥＣＫ抑うつ尺度という、うつの傾向性を測る尺度や、ＰＴＳＤチェックリスト（心的外傷の度合いを測定する尺度）の得点などとも相関があります。

こういったアイデンティティの中心になってしまった出来事は、どうすれば自分の外にあるものとして認識を切り替えることができるのでしょう。「なつかしい記憶」というのが外にあって郷愁を誘う記憶であるとするならば、どのようにすれば、辛いストレスフルな記憶を自分の外に置くことができるのでしょうか。

語ることの効果

アメリカのペネベイカーらが、一連のたいへん示唆的な研究を行っています。それは、外傷的な出来事を繰り返し書く、または話すというものです。典型的な教示は次のようなものです。

「3日間、あなたの人生に影響を及ぼした重要で感情的な事柄について、あなたの思いや考えを書いてください。書くときには、思いのまま深い感情や考えを開放してください。親、恋人、友人、親戚などの他者との人間関係――あなたの過去、現在、未来――あなたがどんな人であったか、どんな人か、どんな人になりたいかなどについて書いてください。毎日同じトピックについて書いてもよいですし、異なるトピックについて書くのでも構いません。あなたが書いたことは誰にも知られません。スペルや文法は気にしないでください。ただし、書き始めたら、決められた時間が過ぎるまで書き続けてください」(Pennebaker 1997)

このような教示のもと、3～5日間、毎日15～30分、特定のトピックについて書くことで、身体的にも(免疫系の向上が見られる等)、精神的にも(書いている最中は辛いが、長期的には悲しみが低下する等)、そして行動の上でも(成績が向上する、欠席が減る等)よい方向に変化が見られるといいます。

もちろんこれは魔法ではありません。繰り返し書くこと、または話すことによって出来事の捉え直しができるからだろうと考えられています。実際、書くなかでポジティブな語をたくさん使う人(ポジティブに見ようという見直しが起きていると考えられます)、ネガティブな語もある程度使う人(出来事の負の側面を認めていると考えられます)では効果が大きいとされています。また、因果関係や洞察を表わす言葉が用いられるようになると(「～だからこのようになった」「～にはこういう意味があったのだ」等)、効果があると言われています。最初は混沌としていても、やがては一貫した物語を作ることができるというのが大事なのかもしれません。

日本でこのような研究を行っている池田・仁平[1]は、受験生活について繰り返し語ってもらいました。単に繰り返すだけでなく、できるだけポジティブに(「楽しかったことであった」と考えられるように)1週間ごと、1カ月ごとに4回繰り返して語ってもらったところ、ポジティブな感情語が増え、ポジティブな方向に語り直しができていることがわかりました。こういった方法は、外傷的な記憶への対処法ともつながるところがあります。突然襲ってくるつらい記憶に繰り返し向き合い、何度も書いて、または語って捉え直すことが(なつかしいとはいえずとも)、つらい記憶を乗り越える一つの方法になるのかもしれません。

冒頭にも書きましたように、私は今、被害者、目撃者となった子どもからより正確に報告を得るための面接法の研究をしています。それは「司法面接」といって、事件や事故に関わる報告を法的証拠としても使用できるように、記憶がなくなったり変わってしまう前に、誘導をかけず、正確にできるだけ多く話してもらうという方法です。この面接法は、事実を聴取したならば、その後はできるだけ早く心の回復のためのサポートを受けられるようにする、ということも目指しています。「なつかしい記憶」「なつかしくならない記憶」、そして(なつかしいとまではいえないかもしれないけれど)乗り越えられた記憶はまったく別のものではなく、線分の上に連なっているものであるように思われます。

文　献

第1章

(1) F・デーヴィス『ノスタルジアの社会学』間場寿一・荻野美穂・細辻恵子訳、世界思想社、一九九〇年。

(2) Havlena, W. J. & Holak, S. L. (1996) Exploring nostalgia imagery through the use of consumer collages. *Advances in Consumer Research*, **23**, 35–42.

(3) Hepper, E. G., Ritchie, T. D., Sedikides, C., & Wildschut, T. (2010) A prototype analysis of nostalgia, Poster presented at Society for Personality and Social Psychology Conference, Las Vegas, NV.

(4) Hepper, E. G., Wildschut, T., Sedikides, C., Ritchie, T., Yung, Y., Hansen, N., Abakoumkin, G., Arikan, G., Cisek, S. Z., Demassosso, D. B., Gebauer, J. E., Gerber, J. E., Gonzalez, R., Kusumi, T., Misra, G., Rusu, M., Ryan, O., Stephan, E., Vingerhoets, A. J. J., & Zhou, X. (2014) Pancultural nostalgia: Prototypical conceptions across cultures, *Emotion*. **14**, 733–747.

(5) Holak , S. L. & Havlena, W. J. (1992). Nostalgia: An exploratory study of themes and emotions in the nostalgic experience. In J. F. Sherry and Brian S. (Eds.) *Advances in Consumer Research*, **19**, 380–387.

(6) Holbrook, M. B. (1993) Nostalgia and consumption preferences: Some emerging patterns of consumer tastes, *Journal of Consumer Research*, **20**, 245–256.

(7) 川口潤「ノスタルジアとは何か――記憶の心理学的研究から」『JunCture』二巻、二〇一一年、五四–六五頁。

(8) Kusumi, T. (2006) Human metacognition and the déjà vu phenomenon. In K. Fujita & S. Itakura (Eds.) *Diversity of Cognition: Evolution, Development, Domestication, and Pathology*. Kyoto University Press. pp. 302–314.

(9) Kusumi, T., Matsuda, K., Sugimori, E. (2010) The effects of aging on nostalgia in consumers' advertisement processing. *Japanese Psychological Research*, **52** (3), 150–162.

(10) Routledge, C., Arndt, J., Sedikides, C., & Wildschut, T. (2008) A blast from the past: The terror management function of nostalgia. *Journal of Experimental Social Psychology*, **44**, 132–140.

(11) Sedikides, C., Wildschut, T., Arndt, J., & Routledge, C. (2008) Nostalgia: past, present, and future. *Current Directions in*

Psychological Science, **17**, 304–307.

(12) Wildschut, T., Sedikides, C., Arndt, J., & Routledge, C. (2006). Nostalgia: Content, triggers, functions. *Journal of Personality and Social Psychology*, **91**, 975–993.

第2章

(1) Addis, D. R., Wong, A. T., & Schacter, D. L. (2007) Remembering the past and imagining the future: Common and distinct neural substrates during event construction and elaboration. *Neuropsychologia*, **45**, 1363–1377.

(2) Addis, D. R., Wong, A. T., & Schacter, D. L. (2008) Age-related changes in the episodic simulation of future events. *Psychological Science*, **19**, 33–41.

(3) Atance, C. M., & O'Neill, D. K. (2001) Episodic future thinking. *Trends in Cognitive Sciences*, **5**, 533–539.

(4) Baddeley, A. D. (2001) The concept of episodic memory. *Philosophical Transactions of the Royal Society of London Series B-Biological Sciences*, **356**, 1345–1350.

(5) Barbalet, J. M. (1999) Boredom and social meaning. *The British Journal of Sociology*, **50**, 631–646.

(6) Barrett, F. S., Grimm, K. J., Robins, R. W., Wildschut, T., Sedikides, C., & Janata, P. (2010) Music-evoked nostalgia: Affect, memory, and personality. *Emotion*, **10**, 390–403.

(7) Batcho, K. I. (2013) Nostalgia: The bittersweet history of a psychological concept. *History of Psychology*, **16**, 165–176.

(8) Bonanno, G. (2005) Resilience in the face of potential trauma. *Current Directions in Psychological Science*, **14**, 135–138.

(9) Brown, S., Kozinets, R., & Sherry, J., Jr. (2003) Teaching old brands new tricks: Retro branding and the revival of brand meaning. *Journal of Marketing*, **67**, 19–33.

(10) Conway, M. A. (2001) Sensory-perceptual episodic memory and its context: autobiographical memory. *Philosophical Transactions of the Royal Society of London Series B-Biological Sciences*, **356**, 1375–1384.

(11) D'Argembeau, A., & Van der Linden, M. (2008) Remembering the past and imagining the future in schizophrenia. *Journal of Abnormal Psychology*, **117**, 247–251.

(12) Davis, F. (1979) *Yearning for yesterday: A sociology of nostalgia*. New York: Free Press. 〔デーヴィス・F『ノスタルジアの社会学』間場寿一・荻野美穂・細辻恵子訳、一九九〇年、世界思想社〕

(13) Fahlman, S. A., Mercer, K. B., Gaskovski, P., Eastwood, A. E., & Eastwood, J. D. (2009) Does a lack of life meaning cause boredom? Results from psychometric, longitudinal, and experimental analyses. *Journal of Social and Clinical Psychology*, **28**, 307–340.

(14) Garmezy, N. (1991) Resiliency and vulnerability to adverse developmental outcomes associated with poverty. *American Behavioral Scientist*, **34**, 416–430.

(15) Hofer, J. (1934) Medical dissertation on nostalgia (C. K. Anspach, Trans.). *Bulletin of the History of Medicine*, **2**, 376–391.

(16) 堀内圭子「消費者のノスタルジア——研究の動向と今後の課題」『成城文藝』二〇一号、二〇〇七年、一七九–一九八頁。

(17) 川口潤「ノスタルジアとは何か——記憶の心理学的研究から」『JunCture』二号、二〇一一年、五四–六五頁。

(18) Kawaguchi, J., Murayama, K., & Nakamura, H. (2013, November) How nostalgia influences moral judgment? Poster presented at 54th Annual Meeting of the Psychonomic Society. Toronto, Canada.

(19) Kusumi, T., Matsuda, K., & Sugimori, E. (2010) The effects of aging on nostalgia in consumers' advertisement processing. *Japanese Psychological Research*, **52**, 150–162.

(20) 日本国語大辞典第二版編集委員会・小学館国語辞典編集部編『日本国語大辞典 第二版』小学館、二〇〇二年。

(21) Redshaw, J., & Suddendorf, T. C. (2013) Foresight beyond the very next event: four-year-olds can link past and deferred future episodes. *Frontiers in Psychology*, **4**, 404.

(22) Routledge, C., Arndt, J., Sedikides, C., & Wildschut, T. (2008) A blast from the past: The terror management function of nostalgia. *Journal of Experimental Social Psychology*, **44**, 132–140.

(23) Russell, D. W. (1996) UCLA Loneliness Scale (Version 3): Reliability, validity, and factor structure. *Journal of Personality Assessment*, **66**, 20–40.

(24) Salimpoor, V. N., Benovoy, M., Larcher, K., Dagher, A., & Zatorre, R. J. (2011) Anatomically distinct dopamine release during anticipation and experience of peak emotion to music. *Nature Neuroscience*, **14**, 257–262.

(25) Schacter, D. L. (1992) Understanding implicit memory. A cognitive neuroscience approach. *The American Psychologist*, **47**, 559–569.

(26) Schacter, D. L., Addis, D. R., & Buckner, R. L. (2008) Episodic simulation of future events: Concepts, data, and applications. *Annals of the New York Academy of Sciences*, **1124**, 39–60.

(27) Sedikides, C., Wildschut, T., & Baden, D. (2004) Nostalgia: Conceptual issues and existential functions. In J. Greenberg, S.

L. Koole, & S. Pyszczynski (Eds.), *Handbook of experimental existential psychology*. New York: Guilford Press.

(28) Stern, B. B. (1992) Historical and personal nostalgia in advertising text: The *fin de siècle* effect. *Journal of Advertising*, **21**, 11–22.

(29) Suddendorf, T. C. (2013) Mental time travel: Continuities and discontinuities. *Trends in Cognitive Sciences*, **17**, 151–152.

(30) Suddendorf, T. C., Addis, D. R., & Corballis, M. C. (2009) Mental time travel and the shaping of the human mind. *Philosophical Transactions of the Royal Society of London Series B-Biological Sciences*, **364**, 1317–1324.

(31) Szpunar, K. K., Watson, J. M., & McDermott, K. B. (2007) Neural substrates of envisioning the future. *Proceedings of the National Academy of Sciences of the United States of America*, **104**, 642–647.

(32) Tulving, E. (1985) Memory and consciousness. *Canadian Journal of Psychology*, **26**, 1–12.

(33) Tulving, E. (2000) Where in the brain is the awareness of one's past?. In D. L. Schacter & E. Scarry (Eds.), *Memory, Brain, and Belief*. Cambridge, MA: Harvard University Press.

(34) Tulving, E. (2002) Episodic memory: From mind to brain. *Annual Review of Psychology*, **53**, 1–25.

(35) Tulving, E. (2005) Episodic memory and autonoesis: Uniquely human. In H. S. Terrace & J. Metcalfe (Eds.), *The missing link in cognition: Origins of self-reflective consciousness*.

(36) Tulving, E., & Schacter, D. L. (1990) Priming and human memory systems. *Science*, **247**, 301–306.

(37) Tulving, E., Schacter, D. L., McLachlan, D. R., & Moscovitch, M. (1988) Priming of semantic autobiographical knowledge: a case study of retrograde amnesia. *Brain and Cognition*, **8**, 3–20.

(38) Turner, R. N., Wildschut, T., & Sedikides, C. (2012) Dropping the weight stigma: Nostalgia improves attitudes toward persons who are overweight. *Journal of Experimental Social Psychology*, **48**, 130–137.

(39) van Tilburg, W. A. P., Igou, E. R., & Sedikides, C. (2013) In search of meaningfulness: Nostalgia as an antidote to boredom. *Emotion*, **13**, 450–461.

(40) Verplanken, B. (2012) When bittersweet turns sour: Adverse effects of nostalgia on habitual worriers. European *Journal of Social Psychology*, **42**, 285–289.

(41) Wagnild, G. M., & Young, H. M. (1993) Development and psychometric evaluation of the Resilience Scale. *Journal of Nursing Measurement*, **1**, 165–178.

(42) Wheeler, M. A., Stuss, D. T., & Tulving, E. (1997) Toward a theory of episodic memory: The frontal lobes and autonoetic

consciousness. *Psychological Bulletin,* **121**, 331–354.

(43) Wildschut, T., Sedikides, C., Arndt, J., & Routledge, C. (2006) Nostalgia: Content, triggers, functions. *Journal of Personality and Social Psychology,* **91**, 975–993.

(44) Williams, J. M. G., Ellis, N. C., Tyers, C., Healy, H., Rose, G., & MacLeod, A. K. (1996) The specificity of autobiographical memory and imageability of the future. *Memory and Cognition,* **24**, 116–125.

(45) Zhou, X., Sedikides, C., Wildschut, T., & Gao, D.-G. (2008) Counteracting loneliness: On the restorative function of nostalgia. *Psychological Science,* **19**, 1023–1029.

(46) Zhou, X., Wildschut, T., Sedikides, C., & Vingerhoets, A. J. J. M. (2012) Heartwarming memories: Nostalgia maintains physiological comfort. *Emotion,* **12**, 678–684.

(47) Zhou, X., Wildschut, T., Sedikides, C., Shi, K., & Feng, C. (2012) Nostalgia: The gift that keeps on giving. *Journal of Consumer Research,* **39**, 39–50.

(48) Zimet, G. D., Dahlem, N. W., Zimet, S. G., & Farley, G. K. (1988). The multidimensional scale of perceived social support. *Journal of Personality Assessment,* **52**, 30–41.

第3章

(1) 浅岡隆裕「見出された「昭和３０年代」――メディア表象の論理と過程から」『応用社会学研究』(立教大学社会学部研究紀要) 四七号、二〇〇五年、三一–四九頁。

(2) Berrios, G. E. (1995) Déjà vu in France during the 19th century: A conceptual history. *Comprehensive Psychiatry,* **36**, 123–129.

(3) Best, J & Nelson, E. E. (1985) Nostalgia and discontinuity: A test of the Davis hypothesis. *Sociology and Social Research,* **69**, 221–233.

(4) Brown, A. S. (2003) A review of the déjà vu experience. *Psychological Bulletin,* **129**, 394–413.

(5) Brown, A. S. (2004) *The déjà vu experience.* New York: Psychology Press.

(6) Brown, S., Kozinets, R V., & Sherry Jr., J. F. (2003) Teaching old brands new tricks: Retro branding and the revival of brand meaning. *Journal of Marketing,* **67**, 19–33.

(7) Davis, F. (1979) *Yearning for yesterday: A Sociology of nostalgia.* New York: The Free Press.〔デーヴィス・F『ノスタルジアの社会学』間場寿一・荻野美穂・細辻恵子訳，世界思想社，一九九〇年〕

(8) Fabricant, F. (1989) Victorian era: Holiday images for all times. *The New York Times*, **138** (November 29), C1, C6.

(9) Golding, C. (2002) An exploratory study of age related vicarious nostalgia and aesthetic consumption. In S. M. Broniarczyk & K. Nakamoto (Eds.), *Advances in Consumer Research.* Vol. 29. Valdosta, GA: Association for Consumer Research. pp. 542–546.

(10) Havlena, W. J. & Holak, S. L. (1991) "The good old days": Observations on nostalgia and its role in consumer behavior. In R. H. Holman & M. R. Solomon (Eds.), *Advances in Consumer Research.* Vol. 18. Provo, UT: Association for Consumer Research. pp. 323–329.

(11) Hermerén, G. (1988) The variety of aesthetic qualities. In M. H. Mitias (Ed.) *Aesthetic Quality and Aesthetic Experience.* Amsterdam: Editions Rodopi B. V. pp. 11–23.

(12) Hofer, J. (1688) Medical dissertation on nostalgia (Trs. by C. K.Anspach, 1934). *Bulletin of the Institute of the History of Medicine*, **2**, 376–391.

(13) Holak, S. L. & Havlena, W. J. (1992) Nostalgia: An exploratory study of themes and emotions in the nostalgic experience. In J. F. Sherry Jr. & B. Sternthal (Eds.), *Advances in Consumer Research.* Vol. 19. Provo, UT: Association for Consumer Research. pp. 380–387.

(14) Holak, S. L. & Havlena, W. J. (1998) Feelings, fantasies, and memories: An examination of the emotional components of nostalgia. *Journal of Business Research*, **42**, 217–226.

(15) Holbrook, M. B. & Schindler, R. M. (1991) Echoes of the dear departed past: Some work in progress on nostalgia. In R. H. Holman & M. R. Solomon (Eds.), *Advances in Consumer Research.* Vol. 18. Provo, UT: Association for Consumer Research. pp. 330–333.

(16) Holbrook, M. B. & Schindler, R. M. (2003) Nostalgic bonding: Exploring the role of nostalgia in the consumption experience. *Journal of Consumer Behaviour*, **3** (2), 107–127.

(17) 堀内圭子『「快楽消費」の追究』白桃書房，二〇〇一年。

(18) 堀内圭子「消費者のノスタルジア――研究動向と今後の課題」『成城文藝』二〇一号，二〇〇七年，一七九–一九八頁。

(19) 石崎和宏・王文純「美的感受性の発達に関する基礎的研究――先行研究資料の批判的検討」『美術教育学』一八号，一九九七年、一一一三頁。
(20) 岩田純一「記憶と自己の発達」『心理学評論』五一巻、一号、二〇〇八年、二四―三六頁。
(21) Jameson, F. (1991) *Postmodernism or, the cultural logic of late capitalism*. Durham: Duke University Press.
(22) Kao, F. J. An exploratory study of collective nostalgia. In Z. Gürhan-Canli, C. Otnes, & R. (J.) Zhu (Eds.), *Advances in Consumer Research*, Vol. 40. Dulth, MN: Association for Consumer Research. pp. 514–518.
(23) 川口潤・佐藤綾香・伊藤友一・波多野文・大塚幸生「ノスタルジア感はどのように生じるのか――反応時間を指標として」『日本認知科学会第二八回大会発表論文集』二〇一一年、一三四―一三八頁。
(24) 木下孝司『乳幼児期における自己と「心の理解」の発達』ナカニシヤ出版、二〇〇八年。
(25) 黒澤晃「昭和30年代は、「こころ」の原点。」『広告』三七一号、二〇〇七年、三二―三三頁。
(26) 楠見孝「デジャビュ（既視感）現象を支える類推的想起――質問紙法による検討」『日本認知科学会第一一回大会発表論文集』一九九四年、九八―九九頁。
(27) 楠見孝「メタファーとデジャビュ」『月刊 言語』七月号、二〇〇二年、三二―三七頁。
(28) Kusumi, T., Matsuda, K., & Sugimori, E. (2010) The effects of aging on nostalgia in consumers· advertisement processing. *Japanese Psychological Research*, **52**, 150–162.
(29) Makino, K. (2011) Proposing a concept of "knowledge-based nostalgia" in cultural contexts. Paper presented at 15th Cross Cultural Research Conference, Hawaii, USA. Proceedings [CD-ROM], p. 4.
(30) Makino, K. (2012) New notion of nostalgia. Paper presented at poster session, ACR (Association for Consumer Research) Annual Conference, Vancouver, Canada. In Z. Gürhan-Canli, C. Otnes, & R. (J.) Zhu (Eds.), *Advances in Consumer Research*, Vol. 40. Dulth, MN: Association for Consumer Research. p. 1139.
(31) Martin, A. R. (1954) Nostalgia. *The American Journal of Psychoanalysis*, **14**, 93–104.
(32) 水越康介「ノスタルジア消費に関する理論的研究」『商品研究』第五五巻、第一・二号、二〇〇七年、一六―三〇頁。
(33) 仲真紀子「思い出はどこから――出来事の記憶と想起」内田伸子・氏家達夫編『発達心理学特論』放送大学教育振興会、二〇〇七年、五三―六六頁。
(34) Neppe, V. M. (1983) *The psychology of déjà vu: Have I been here before?*. Johannesburg: Witwatersrand University Press.
(35) 西村清和『フィクションの美学』勁草書房、一九九三年。
(36) O'Connor, A. R. & Moulin, C. J. A. (2006) Normal patterns of déjà experience in a healthy, blind male: Challenging

optical pathway delay theory. *Brain and Cognition*, **62**, 246–249.
(37) 苧阪直行「『社会脳シリーズ』刊行にあたって」苧阪直行編『美しさと共感を生む脳』新曜社、二〇一三年、i–v:i頁。
(38) Parsons, M. J. (1987) *How we understand art: A cognitive developmental account of aesthetic experience*. Cambridge: Cambridge University Press.〔パーソンズ・M・J『絵画の見方』尾崎彰宏・加藤雅之訳、法政大学出版局、一九九六年〕
(39) Rutherford, J. (2010) *What is old is new again: The role of discontinuity in nostalgia-related consumption*. Ann Arbor: ProQuest LLC.
(40) 清水寛之「自伝的記憶の発達」日本発達心理学会編、子安増生・白井利明責任編集『発達科学ハンドブック3 時間と人間』新曜社、二〇一一年、二七四–二九二頁。
(41) Stern, B. B. (1992a) Historical and personal nostalgia in advertising text: The fin de siècle effect. *Journal of Advertising*, **21** (4), 11–22.
(42) Stern, B. B. (1992b) Nostalgia in advertising text: Romancing the past. In J. F. Sherry Jr. and B. Sternthal (Eds.), *Advances in Consumer Research*. Vol. 19. Provo, UT: Association for Consumer Research. pp. 388–389.
(43) 杉本徹雄「消費者行動への心理学的接近」杉本徹雄編著『新・消費者理解のための心理学』福村出版、二〇一二年、二六–三八頁。
(44) 谷崎潤一郎『陰翳礼讃』改版、中央公論新社、一九九五年（初出一九三三年）。
(45) 津上英輔『あじわいの構造——感性化時代の美学』春秋社、二〇一〇年。
(46) Tulving, E. (1983) *Elements of episodic memory*. Oxford: Oxford University Press.〔タルヴィング・E『タルヴィングの記憶理論——エピソード記憶の要素』太田信夫訳、教育出版株式会社、一九八五年〕
(47) Wildschut, T., Sedikides, C., Arndt, J., & Routledge, C. (2006) Nostalgia: Content, triggers, functions. *Journal of Personality and Social Psychology*, **91**, 975–993.

第4章

(1) Bradley, M. M., Sabatinelli, D., Lang, P. J., Fitzsimmons, J. R., King, W. M., & Desai, P. (2003) Activation of the visual cortex in motivated attention. *Behavioral Neuroscience*, **117**, 369–380.
(2) Gomez, P. and Danuser, B. (2007) Relationships between musical structure and psychophysiological measures of emotion.

Emotion, **7**, 377–387.

（3） Holbrook, M. B. and Schindler, R. M. (2003) Nostalgic Bonding : Exploring the Role of Nostalgia in the Consumption Experience. *Journal of Consumer Behaviour*, **3**, 107–127.

（4） Hovland, C. I., & Weiss, W. (1951) The influence of source credibility on communication effectiveness. *Public Opinion Quarterly*, **15**, 635–650.

（5） Kusumi, T. (2010, November) The effects of aging on nostalgic tendencies, déjà vu experience and regret. Poster presented at 51st Annual Meeting of the Psychonomic Society. St. Louis, November 18–21.

（6） 松田憲・平岡斉士・杉森絵里子・楠見孝「バナー広告への単純接触が商品評価と購買意図に及ぼす効果」『認知科学』一四号、二〇〇七年、一三二–一五四頁。

（7） Muehling, D. D. & David E. S. (2004) The Power of Reflection. An Empirical Examination of Nostalgia Advertising Effects. *Journal of Advertising*, **33**, 25–35.

（8） Sugimori, E., Matsuda, K., & Kusumi, T. (2011) The contradictory effects of nostalgic advertisements on nostalgia for products and on remembering advertisements. *Japanese Psychological Research*, **53**, 42–52.

（9） Sugimori E. & Kusumi, T. (2014). The similarity hypothesis of déjà vu: On the relationship between frequency of real-life déjà vu experiences and sensitivity to configural resemblance. *Journal of Cognitive Psychology*, **26** (1), 48–57.

（10） Unger, L. S., McConocha, D. M., Faier, J. A. (1991) The use of nostalgia in television advertising: A content analysis. *Journalism Quarterly*, **68** (3), pp. 345–353.

（11） Zajonc, R. B. (1980) Feeling and thinking: preferences need no inferences. *American Psychologist*, **35**, 151–175.

第5章

（1） Bornstein, R. F., Kale, A. R., & Cornell, K. R. (1990) Boredom as a limiting condition on the mere exposure effect. *Journal of Personality and Social Psychology*, **58**, 791–800.

（2） Davis, F. (1979). *Yearning for yesterday: A sociology of nostalgia*. New York: Free Press. 〔デーヴィス・F『ノスタルジアの社会学』間場寿一・荻野美穂・細辻恵子訳、世界思想社、一九九〇年〕

（3） デイリースポーツオンライン「ＡＣ大量ＣＭに苦情殺到…脅迫電話も」二〇一一年三月一八日 (http://www.daily.co.jp)

(4) Havlena, W. J. & Holak, S. L. (1991) The good old days : Observations on nostalgia and its role in consumer behavior. *Advances in Consumer Research*, **18**, 323–329.

(5) Holbrook, M. B. (1993) Nostalgia and consumption preference: Some emerging patterns of consumer tastes. *Journal of Consumer Research*, **20**, 245–256.

(6) Holbrook, M. B. & Schindler, R. M. (2003) Nostalgic bonding : Exploring the role of nostalgia in the consumption experience. *Journal of Consumer Behaviour*, **3**, 107–127.

(7) 堀内圭子「消費者のノスタルジア——研究の動向と今後の課題」『成城文藝』二〇一号、二〇〇七年、一七九–一九八頁。

(8) Kusumi, T. (2010) The effects of aging on nostalgic tendencies, déjà vu experience and regret. Poster presented at 51st Annual Meeting of the Psychonomic Society. St. Louis, MO.

(9) Kusumi, T., Matsuda, K., & Sugimori, E. (2010) The effect of aging on nostalgia in consumers' advertisement processing. *Japanese Psychological Research*, **52**(3), 150–162.

(10) Martin, A. R. (1954) Nostalgia. *The American Journal of Psychoanalysis*, **14**, 93–104.

(11) Matsuda, K. & Kusumi, T. (2001) Scene typicality influences the mere exposure effect in affective judgments. Poster presented at 42nd Annual Meeting of the Psychonomic Society. Orlando, FL.

(12) Matsuda, K. & Kusumi, T. (2005) Scene typicality influences long-term effects of mere exposure. In B. G. Bara, L. W. Barsalou, & M. Bucciarelli (Eds.), Proceedings of the 27th Annual Conference of the Cognitive Science Society (p. 2528). NJ: Lawrence Erlbaum Association.

(13) Matsuda, K., Sugimori, E., & Kusumi, T. (2008) Nostalgia influences the evaluation of advertisements. Poster presented at 49th Annual Meeting of the Psychonomic Society, Chicago IL.

(14) Matsuda, K., Sugimori, E., & Kusumi, T. (2012) Nostalgia and mere exposure effect: Impact of stimuli repetition and spacing. Poster presented at 53rd Annual Meeting of the Psychonomic Society, Minneapolis, MN.

(15) Seamon, J. G., Brody, N., & Kauff, D. M. (1983) Affective discrimination of stimuli that are not recognized: II. Effect of delay between study and test. *Bulletin of the Psychonomic Society*, **21**, 187–189.

(16) Stang, D. J. (1975) Effects of "mere exposure" on learning and affect. *Journal of Personality and Social Psychology*, **31**, 7–12.

(17) Wildschut, T., Sedikides, C., Arndt, J., & Routledge, C. (2006) Nostalgia: Content, triggers, functions. *Journal of Personality*

and *Social Psychology*, **91**, 975–993.

(18) Winkielman, P., & Cacioppo, J. T. (2001) Mind at ease puts a smile on the face: Psychophysiological evidence that processing facilitation elicits positive affect. *Journal of Personality and Social Psychology*, **81**, 989–1000.

(19) Zajonc, R. B. (1968) Attitudinal effects of mere exposure. *Journal of Personality and Social Psychology Monograph*, **9**, 1–27.

第6章

(1) Batcho, K. I. (1998) Personal nostalgia, world view, memory, and emotionality. *Perceptual and Motor Skills*, **87**, 411–432.

(2) Brown, A. D., & Humphreys, M. (2002) Nostalgia and the narrativization of identity: A Turkish case study. *British Journal of Management*, **13**, 141–159.

(3) Butler, R. N. (1963) The life review: An interpretation of reminiscence in the aged. *Psychiatry*, **26**, 65–76.

(4) Cavanaugh, J. C. (1989) I have this feeling about everyday memory aging. *Educational Gerontology*, **15**, 597–605.

(5) Head, D. M., Portnoy, S., & Woods, R. T. (1990) The impact of reminiscence groups in two different settings. *International Journal of Geriatric Psychiatry*, **5**, 295–302.

(6) Holbrook, M. B., & Schindler, R. M. (1991) Echoes of the dear departed past: Some work in progress on nostalgia. *Advances in Consumer Research*, **18**, 330–333.

(7) 河田政之・吉山容正・山田達夫他「痴呆に対するデイケア、回想法の効果」『老年精神医学雑誌』九号、一九九八年、九四三–九四八頁。

(8) 小林麻美・岩永 誠・生和秀敏「音楽の「懐かしさ」と感情反応・自伝的記憶の想起との関連」『広島大学総合科学部紀要Ⅳ理系編』二八号、二〇〇二年、二一–二八頁。

(9) 日本認知症学会『認知症テキストブック』中外医学社、二〇〇八年。

(10) 野村豊子『回想法とライフレヴュー——その理論と技法』中央法規、一九九八年。

(11) 奥村由美子・藤本直規・成田実「軽度アルツハイマー型痴呆患者のためのリハビリテーション・プログラムの試み」『老年精神医学雑誌』八号、一九九七年、九五一–九六三頁。

(12) 長田久雄「非薬物療法ガイドライン」『老年精神医学雑誌』一六号（増刊号Ⅰ）、二〇〇五年、九二–一〇九頁。

(13) オズボーン・C「レミニッセンス・ワークへの実践的ガイド」『ソーシャルワーク研究』矢部久美子訳、一九九二、一七巻（四号)、三九-四六頁。
(14) Sedikides, C., Wildschut, T., & Baden, D. (2004) Nostalgia: Conceptual issues and existential functions. In J. Greenberg, S. Koole, & T. Pyszczynski (Eds.), *Handbook of experimental existential psychology*. New York: Guilford Press. pp. 200–214.
(15) Sedikides, C., Wildschut, T., Gaertner, L., Routledge, C., & Arndt, J. (2008) Nostalgia as enabler of self-continuity. In F. Sani (Ed.), *Self-continuity: Individual and collective perspectives*. New York: Psychology Press. pp. 227–239.
(16) 瀧川真也「自伝的記憶の想起における懐かしさ感情の働き」『北海道大学大学院文学研究科博士論文』(未公刊)、二〇〇九年。
(17) 瀧川真也・仲真紀子「懐かしさ感情が自伝的記憶の想起に及ぼす影響——反応時間を指標として」『認知心理学研究』九号、二〇一一年、六五-七三頁。
(18) Webster, J. D. (1997) The reminiscence functions scale: A replication. *International Journal of Aging & Human Development*, **44**, 137–148.
(19) Webster, J. D., & McCall, M. E. (1999) Reminiscence functions across adulthood: A replication and extension. *Journal of Adult Development*, **6**, 73–85.
(20) 吉山容正・渡辺晶子・河田政之・野村豊子・旭俊臣・服部孝道「アルツハイマー病における回想を取り入れたデイケア反応例と非反応例の比較検討」『老年精神医学雑誌』一〇巻(一号)、一九九九年、五三-五八頁。

第7章

(1) 池田和浩・仁平義明「ネガティブな体験の肯定的な語り直しによる自伝的記憶の変容」『心理学研究』七九号、二〇〇九年、四八一-四八九頁。
(2) Kemp, S. (1988) Memorial psychophysics for visual area: the effect of retention interval. *Memory & Cognition*, **16**(5), 431–436.
(3) Kusumi, T., Matsuda, K., & Sugimori, E. (2010) The effects of aging on nostalgia in consumers, advertisement processing. *Japanese Psychological Research*, **52**, 150–162.
(4) Naka, M., & Minami, K. (1991) Memory psychophysics for areas: Distortion in natural memory of a school campus. *Perceptual and Motor Skills*, **73**, 995–1003.
(5) Naka, M. (1995) One- to twenty-four-year memory of a school campus: Areas and objects. *Japanese Psychological*

Research, **37**(2), 91–102.

（6） 仲真紀子「子どもの証言と面接法」『発達科学ハンドブック4　発達の基盤——身体、認知、情動』新曜社、二〇一二年、二八四–二九六頁。

（7） 仲真紀子「面接のあり方が目撃した出来事に関する児童の報告と記憶に及ぼす影響」『心理学研究』八三号、二〇一二年、三〇三–三一三頁。

（8） Pennebaker, J. W. (1997) Writing about emotional experiences as a therapeutic process. *Psychological Science*, **8**(3), 162–166.

（9） ルービン・D・C、バーントセン・D「ストレスフルな出来事の記憶——アイデンティティへの影響」『認知心理学へのアプローチ　自己心理学4』仲真紀子訳、金子書房、一〇五–一二九頁。

（10） Sadalla, E. K. & Staplin, L. J. (1980) The perception of traversed distance: Intersections. *Environment and Behavior*, **12**, 167–182.

■索引

■編著者紹介

楠見　孝（くすみ　たかし）

１９５９年生まれ

１９８７年　学習院大学大学院人文科学研究科心理学専攻博士課程単位取得退学

現　在　京都大学大学院教育学研究科教授

著　書　『科学リテラシーを育むサイエンス・コミュニケーション――学校と社会をつなぐ教育のデザイン』（共編著）２０１４年　北大路書房、『実践知――エキスパートの知性』（共編著）２０１２年　有斐閣、『批判的思考力を育む――学士力と社会人基礎力の基盤形成』（共編著）２０１１年　有斐閣、『思考と言語　現代の認知心理学３』（編著）２０１０年　北大路書房

■執筆者紹介

【編者はじめに】

楠見　孝（くすみ　たかし）

編者紹介参照

【第1章】

楠見　孝（くすみ　たかし）

編者紹介参照

【第2章】

川口　潤（かわぐち　じゅん）

１９５４年生まれ

１９８２年　京都大学大学院教育学研究科博士課程単位取得退学

現　在　追手門学院大学心理学部教授、名古屋大学名誉教授

著　書　「潜在記憶」『誠信心理学辞典　新版』２０１４年　誠信書房、「メタ記憶のコントロール機能」『メタ記憶――記憶のモニタリングとコントロール』２００９年　北大路書房、『認知情報処理における文脈効果と自動的処理・意識的処理』１９９９年　風間書房

【第3章】

牧野　圭子（まきの　けいこ）

１９６６年生まれ

１９９５年　京都大学大学院文学研究科心理学専攻博士課程単位取得退学

現　在　成城大学文芸学部教授

著　書　『消費の美学――消費者の感性とは何か』２０１５

年　勁草書房、『〈快楽消費〉する社会』２００４年　中央公論新社、『「快楽消費」の追究』２００１年　白桃書房

【第４章】

杉森　絵里子（すぎもり　えりこ）

１９７８年生まれ

２００６年　京都大学大学院教育学研究科教育科学専攻博士課程修了

現　在　早稲田大学人間科学学術院准教授

著　書　『「記憶違い」と心のメカニズム』２０１２年　京都大学学術出版会

【第５章】

松田　憲（まつだ　けん）

１９７３年生まれ

２００５年　京都大学大学院教育学研究科教育科学専攻博士課程修了

現　在　北九州市立大学大学院マネジメント研究科教授

著　書　『単純接触効果研究の最前線』（共著）２００８年　北大路書房、『現代の認知心理学（１）　知覚と感性』（共著）２０１０年　北大路書房

【第６章】

瀧川　真也（たきがわ　しんや）

１９８１年生まれ

２０１０年　北海道大学大学院文学研究科人間システム科学専攻博士課程修了

現　在　川崎医療福祉大学医療福祉学部臨床心理学科准教授

【第７章】

仲　真紀子（なか　まきこ）

１９５５年生まれ

１９８４年　お茶の水女子大学大学院人間文化研究科博士課程単位取得退学

現　在　理化学研究所理事、北海道大学名誉教授

著　書　『法と倫理の心理学──心理学の知識を裁判に活かす　目撃証言、記憶の回復、子どもの証言』２０１１年　培風館、『認知心理学』（編著）２０１０年　ミネルヴァ書房、R・ケッチャム著『抑圧された記憶の神話──偽りの性的虐待をめぐって』２０００年　誠信書房

心理学叢書《しんりがくそうしょ》
なつかしさの心理学《しんりがく》——思《おも》い出《で》と感情《かんじょう》

2014年5月25日　第1刷発行
2022年9月10日　第3刷発行

監修者　日本心理学会
編　者　楠見　孝
発行者　柴田敏樹

発行所　株式会社　誠信書房
〒112-0012　東京都文京区大塚3-20-6
電話 03（3946）5666
https://www.seishinshobo.co.jp/

©The Japanese Psychological Association, 2014
印刷／中央印刷　製本／協栄製本
検印省略　落丁・乱丁本はお取り替えいたします
ISBN978-4-414-31112-9 C1311　Printed in Japan

JCOPY ＜(社)出版者著作権管理機構 委託出版物＞
本書の無断複製は著作権法上での例外を除き禁じられています。複製される場合は、そのつど事前に、(社)出版者著作権管理機構（電話 03-5244-5088，FAX 03-5244-5089，e-mail: info@jcopy.or.jp）の許諾を得てください。

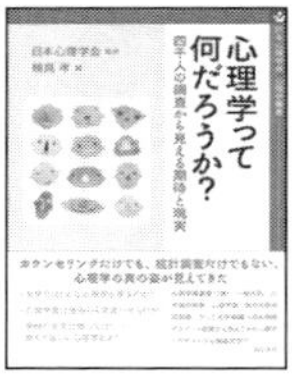

『心理学って何だろうか？――四千人の調査から見える期待と現実』
楠見 孝 編

日本心理学会による大規模調査から見えてきた心理学へのイメージを、第一線の研究者が徹底分析。誤解や偏見を解き、真実の姿を力説。

定価(本体2000円+税)　ISBN978-4-414-31121-1

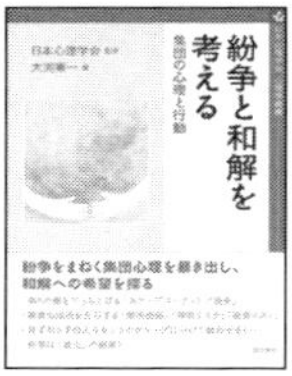

『紛争と和解を考える――集団の心理と行動』
大渕憲一 編

古今東西の知見に基づき、争いをもたらす集団心理の危うさを解説。そのうえで最新の実験・調査から和解の可能性を探る。

定価(本体2400円+税)　ISBN978-4-414-31122-8

『アニメーションの心理学』
横田正夫 編

アニメーションの作り手たちが生み出してきた、動きやストーリーを魅力的にするための技の秘密に、心理学者と制作者の視点から迫る

定価(本体2400円+税)　ISBN978-4-414-31123-5

『消費者の心理をさぐる――人間の認知から考えるマーケティング』
米田英嗣・和田裕一 編

購買意欲をかき立てるコマーシャルやバナー広告などを、心理学を応用したマーケティングの見地から解説。企業の広告担当者必見の書

定価(本体1900円+税)　ISBN978-4-414-31124-2

『認知症に心理学ができること――医療とケアを向上させるために』
岩原昭彦・松井三枝・平井 啓 編

アセスメント、意思決定の支援、ケアの視点、早期発見、心理職の人材育成など、認知症に関連する心理学の多様な側面を論じた書

定価(本体1900円+税)　ISBN978-4-414-31125-9

『医療の質・安全を支える心理学――認知心理学からのアプローチ』
原田悦子 編

「医療安全」と「健康・死・ケアといった概念理解」に関する認知心理学的研究の醍醐味を紹介し、これからの医療のあり方を考える。

定価(本体1900円+税)　ISBN978-4-414-31126-6

『地域と職場で支える被災地支援──心理学にできること』

安藤清志・松井豊 編

先の東日本大震災では、各地で心理的・社会的な支援が行われたが、その詳細をまとめて知る機会はいまだ乏しい。本書では様々な活動報告や被災者研究を紹介し、より望ましい支援のあり方を考える上で、参考となる様々な切り口を提供する。

定価(本体1700円+税)　ISBN978-4-414-31116-7

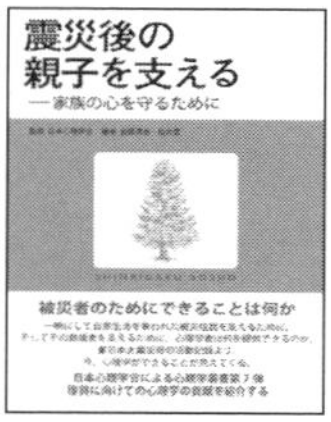

『震災後の親子を支える──家族の心を守るために』

安藤清志・松井豊 編

東日本大震災では被災地の親子をめぐる環境が急変した。避難先での対人関係や仮設住宅に住むストレス、放射能汚染がもたらす心の問題など、心理・社会的に彼らを支えるにはどうすればよいか、多面的なアプローチで考える切り口を提供する。

定価(本体1700円+税)　ISBN978-4-414-31117-4

『超高齢社会を生きる──老いに寄り添う心理学』

長田久雄・箱田裕司 編

高齢期にはよりよく生きるうえで様々な課題が生じてくる。高齢者の心と身体を支えるため、心理学にできることは何か。看護や福祉に関わっている人、高齢者の問題に関心がある人へ向けて、第一線の研究者がわかりやすく語る注目の書。

定価(本体1900円+税)　ISBN978-4-414-31118-1

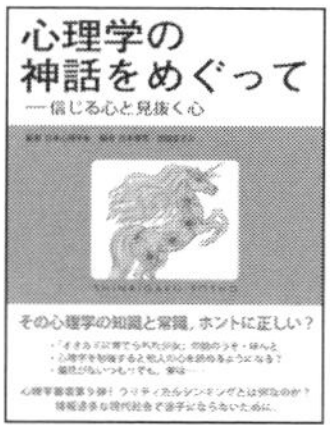

『心理学の神話をめぐって──信じる心と見抜く心』

邑本俊亮・池田まさみ 編

なんとなく受け入れたその知識と常識、実は間違いだとしたら？本書では「根拠もなく一般に信じられていること」を「神話」と呼び、心理学を駆使して「神話を超えて真実を見抜く目」を鍛えていく。情報の氾濫する現代社会で、迷子にならないための指南の書。

定価(本体1800円+税)　ISBN978-4-414-31119-8

『病気のひとのこころ──医療のなかでの心理学』

松井三枝・井村 修 編

「患者のこころのありよう」はその抱える疾患や重症度によってさまざまであり、それぞれの特徴を理解したきめ細やかなアプローチが求められる。本書では身体疾患から精神疾患まで幅広くとりあげ患者のこころを理解するヒントと基礎知識を提供する。

定価(本体2000円+税)　ISBN978-4-414-31120-4

心理学叢書

日本心理学会が贈る、面白くてためになる心理学書シリーズ

公益社団法人 日本心理学会 監修　◉各巻 A5判並製　◉随時刊行予定

『思いやりはどこから来るの？——利他性の心理と行動』

高木 修・竹村和久 編

思いやりはビジネスにも活かされている。「震災の時に思いやりがある会社がとった行動とは？」「思いやり深い子どもに育てる方法が存在する？」ヒトだけが持つ感情の謎を、心理学、工学、理学、医学の第一線で活躍する専門家が解き明かす。

定価（本体2000円+税）　ISBN978-4-414-3111-2

『なつかしさの心理学——思い出と感情』

楠見 孝 編

過去がいつの間にか美化されている。久しぶりに訪れた小学校が縮んで見える。体験したことがない大正時代が、なぜかなつかしい。なつかしさを商品に活かすと販売力が高まる。いったい何故なのか？時空を飛び越える記憶の秘密に迫る！

定価（本体1700円+税）　ISBN978-4-414-3112-9

『無縁社会のゆくえ——人々の絆はなぜなくなるの？』

高木 修・竹村和久 編

日本に急速に広がりつつある「無縁」の実態をデータで示しつつ、一人暮らしのリスク、高度経済成長の反動、未婚率増加の原因、単身世帯の増加、高齢者特有の心理を解説。超高齢化社会が必ず直面するであろう孤独と人との繋がりの問題を分かりやすく解き明かす。

定価（本体2000円+税）　ISBN978-4-414-31113-6

『本当のかしこさとは何か——感情知性（EI）を育む心理学』

箱田裕司・遠藤利彦 編

自分と他者の感情を正しく取り扱う能力＝感情知性（EI）。いくら頭の回転が速くても、感情を適切に取り扱えなければ成功することはできない。そこで本書は実際のEI測定実験と国内外の教育プログラムを具体的に紹介！実例と科学をもとに感情の活かし方を解説する。

定価（本体2000円+税）　ISBN978-4-414-31114-3

『高校生のための心理学講座——こころの不思議を解き明かそう』

内田伸子・板倉昭二 編

心理学の世界を高校生にも分かりやすく楽しく紹介する。赤ちゃん、おサル、ロボットの実験を通して、人の心の仕組みが手に取るように理解できる。また嘘を見抜く方法など、若者の実生活で役立つ情報が豊富に盛り込まれている。

定価（本体1800円+税）　ISBN978-4-414-31115-0